君说成语

成语大「观」

成语中的人生启示

张志君　张涵　著

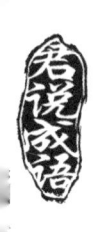

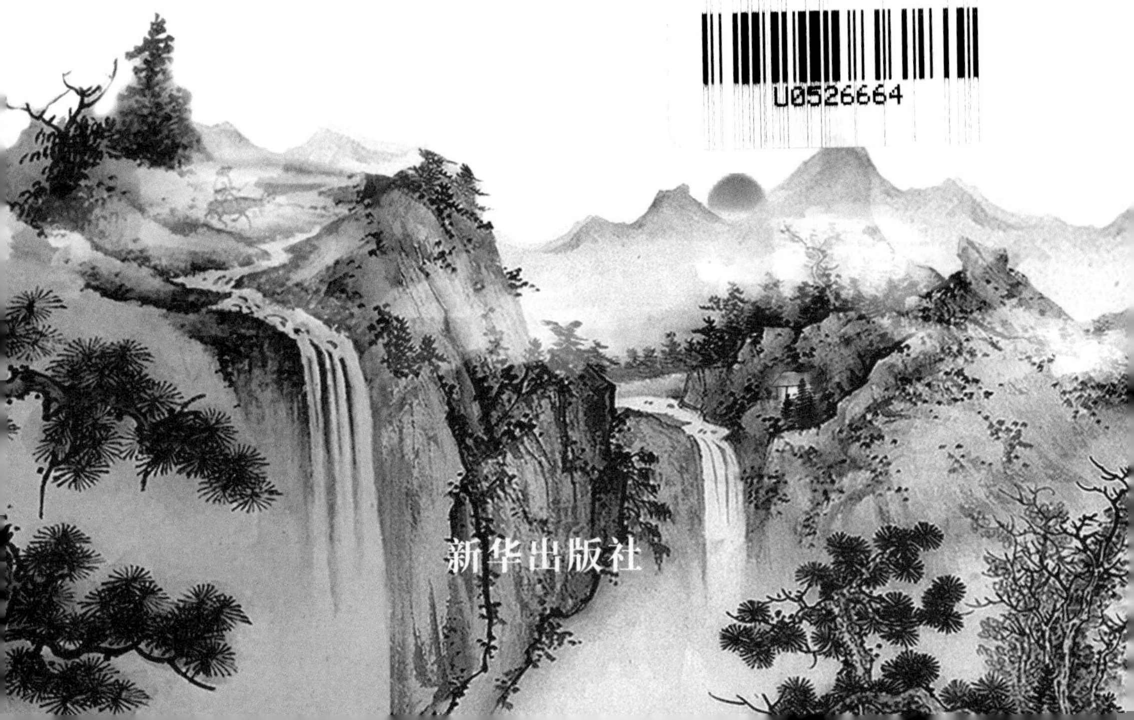

新华出版社

图书在版编目（CIP）数据

成语大"观"：成语中的人生启示 / 张志君, 张涵著.
-- 北京：新华出版社，2024.8.
ISBN 978-7-5166-7509-0

Ⅰ．H136.31-49；B821-49

中国国家版本馆 CIP 数据核字第 20245GR620 号

成语大"观"：成语中的人生启示

著　者：张志君　张　涵
出版发行：新华出版社有限责任公司
　　　　　（北京市石景山区京原路 8 号　邮编：100040）
印　刷：三河市君旺印务有限公司

成品尺寸：165mm×235mm 1/16	印张：18.5	字数：144 千字
版次：2024 年 10 月第 1 版		印次：2024 年 10 月第 1 次印刷
书号：ISBN 978-7-5166-7509-0		定价：69.80 元

版权所有·侵权必究
如有印刷、装订问题，本公司负责调换。

微店

视频号小店

抖店

京东旗舰店

扫码添加专属客服

微信公众号

喜马拉雅

小红书

淘宝旗舰店

序 言

翟 博
中国教育学会常务副会长
中国教育报刊社原党委书记、社长

习近平总书记指出，我们正面临百年未有之大变局。在这个急剧变化的大的语境中，如何妥善处理好人与自我、人与人、人与社会、人与国家、人与世界的关系，这是每一个人都无法回避、必须直面的问题。这些问题概括起来说，就涉及了我们通常所说的人生观、世界观、价值观。这些关系处理得好，会使相关行为主体健康成长，如果处理得不好，则有可能给相关行为主体造成难以想象的损失！那么，究竟应当怎样妥善地处理好这些关系，从而树立正确的世界观、人生观、价值观呢？相关的路径当然有很多，我们可以从作为中华优秀传统文化瑰宝的成语中寻找相应的智慧和帮助。《成语大"观"：成语中的人生启示》这本书就从这个维度进行了认真的探索。

本书作者之一的张志君先生是知名文化学者，享受国务院政府特殊津贴专家，曾担任过中国教育电视台副总编辑兼《教育传媒研究》杂志总编辑，现任中国教育电视台三级研究员、中宣部、教育部高等学校与新闻单位从业人员互聘"千人计划"中国政法大学特聘教授、北京大学电视研究中心特约研究员、中国传媒大学博士生导师、中国电视艺术家协会电视理论专业委员会副会长、福建省"闽江学者"讲座教授、中华人民共和国教育部向国家新闻出版广电总局推荐的"全国新闻出版行业领军人才"、中央广播电视总台媒体融合研究院专家委员会委员。

许多年来，他一直致力于中华优秀传统文化的现代价值转换的研究，先后在我国出版了很多与中华优秀传统文化有关的图书，他认真学习习近平总书记运用成语的智慧，将党的二十大报告中总书记提到的 10 个成语和总书记使用过的其他相关成语一共 20 个放在一起加以认真解读，试图从习近平总书记引用过的成语中寻找这些成语对于今天的人们树立正确的人生观、世界观、价值观所带来的帮助，这是积极响应习近平总书记关于将马克思主义普遍原理同中华优秀传统文化相结合开展学术研究的一次有益的尝试。

纵观本书，有这样几个特点。

第一，思维方式的联想化。想象乃是人类区别于其他动物的重要标志之一，也是人类得以更好地生存与发展的重要助推力。"人类失去联想，世界将会怎样？"这不仅是一个灵魂之问，更告诉我们联想能力的重要性。但是，并不是每个人都具备联想能力的。因为首先，联想是需要一定的内生动力的，西方有一句谚语说"你永远叫不醒一个装睡的人"；其次，联想也是需要一定的观察能力和思维能力的，因为它需要相关行为主体占据一定的高度，居高才能望远，同时需要相关行为主体有一定的广度，其所涉猎的范围要尽可能的广泛，联想还需要一定的深度，那种浮皮潦草的想象不是真正的联想，联想还需要掌握一定的方法，"想"只是一种表现，而"联"才是其得以存在的底层逻辑，也就是说，联想是建立在对于被联想物和联想物之间的内在联系的深刻把握和洞察的基础之上的，没有这种把握与洞察的联想不能叫作联想，联想还需要具备一定的呈现能力，相关行为主体只有将丰富的联想用普罗大众喜闻乐见的方式表述出来，才有可能获得成功。在《成语大"观"：成语中的人生启示》一书中作者进行了极富可读性的联想，比如，在第九章讲到"讲信修睦"这个成语的时候，他信手拈来"岂有鸠人羊叔子"与"烽火戏诸侯"这两个故事进行联想，用来说明"讲信"的重要性，诸如此类的例子还有很多，也正是基于此，笔者认为本书确实具有思维方面的联想化特征。

第二，叙事的陌生化。陌生化是俄罗斯著名理论家什克洛夫斯基提出来的一个概念，这个概念强调的是在内容与形式上违反人们习见的常情、常理、常事，同时在艺术上超越常境。用比较直白的话加以解释，就是"意料之外，情理之中"。著名艺术家、画家齐白石先生曾经说过，绘画创作"不似为欺世，太似为媚俗，妙在似与不似之间"，"似与不似之间"实际上就是一种陌生化创作。纵观《成语大"观"：成语中的人生启示》一书，我们不难发现，其在叙事上确实处处体现着"陌生化"的或者叫"熟悉的陌生化"的表达方式。比如说，其所选的天下为公、民为邦本、为政以德、革故鼎新、任人唯贤、天人合一、自强不息、厚德载物、讲信修睦、亲仁善邻、从善如登、先忧后乐、铢积寸累、行胜于言、志存高远、饮水思源、无远弗届、任重道远、愚公移山、海纳百川这20个成语都是许多人所熟悉的，每个成语章节下面的每一个故事可能也是许多人所熟悉的，但是，每个章节里的故事如果不加联想的话一般人却往往很少将其与该章所讲的成语联系在一起，这实际上就是对众所周知的成语进行的"熟悉的陌生化"的阐释。比如说，"先忧后乐"是大家都很熟悉的一个成语，作者却在这一章的第二节提出了一个问题："先忧"是"忧"什么？并且举出晋惠帝司马衷的一段言论加以解读，这就彰显了"熟悉的陌生化"的特点。

第三，主体架构的故事化。故事是人类文化和文明得以传承与传播的重要载体。习近平总书记强调，要讲好中国故事！但是，要讲好故事并不容易！首先，中华文化浩如烟海，一个个故事如大海里的珍珠，一般人很难知道其分布在哪里。其次，每个故事都各有其产生的当时语境，不了解这些语境，就有可能会导致对于故事的滥用。最后，讲故事是要为一定的主题服务的，怎样在相关故事与相关主题之间寻找到其内在联系性，这也是一个很大的困难，即使寻找到并建立了这种联系，但是如何在讲述故事的时候能够有所创新，这也并非易事。这里所说的创新，既包括故事内容叙述方面的创新，也包括对于相关故事内容阐释的创新，还包括对于相关故事与相关主题之间联系的创新，这方面《成语大"观"：成语中的人生启示》也做了有益的探索与尝试，本书对于故事内容进行了与众不同的创新性阐释，在相关故事与相关主题之间的联系阐释方面也有所创新，以每一章至少讲述3个故事加以统计，则本书至少讲述了60个发生在不同的历史时代的故事，这些故事构成了本书的主体架构，使本书具有相当大的可读性。

第四，结论的共生化。所谓"结论的共生化"就是作品中的每一章节的结论都由作者与读者一起来完成。20世纪60年代中期，联邦德国的汉斯·罗伯特·姚斯提出了"接受美学"理论，这一理论的核心要义就是"作品的教育功能和娱乐功能要在读者阅读中实现"，从大众传播学的视角加以解读，那就是一部作品的传播需要传播者与读者一起努力。因为以往很多传播主体在进行传播的时候往往都是采取灌输式、命令式、高压式的方式进行的，这样的传播，效果当然会事倍功半！而本书的作者则采取了另外一种方式，那就是在每一章节中往往都不直接说出自己想说的结论，而是通过相关故事的讲述，让读者在充分享受阅读故事带来的乐趣的基础上自己得出作者想要告诉他们的结论。比如说，在讲到"饮水思源"这个成语的时候，举了"刘秀成功"和"项羽失败"这两个故事，然后提出一个灵魂之问：他们两个为什么一个成功，一个失败？让读者自己得出结论，这就充分尊重了读者的主体地位，是与接受美学理论和大众传播学原理暗合的。

综上所述，这部著作确实彰显了作者的功力和努力，相信它的出版和传播对于广大青少年朋友树立正确的世界观、人生观、价值观具有重要的启发意义，乐于为之作序。

目 录 CONTENTS

第一章　天下为公

第一节

"天下为公"：两个特殊的人物，在一个特殊的时间、特殊的地点，在参加了一场特殊事件之后的一段对话而诞生的成语　　003

第二节

"天下为公"绝不仅仅是孔子一个人的理想，也是相当一部分中国人的一种集体无意识，形塑了很多中国人的人生观、世界观、价值观　　007

第三节

"天下为公"是有前提的，为了实现这个前提，就必须付出艰辛的努力　　012

第二章　民为邦本

第一节

"民为邦本"：一个在国亡家破之后痛定思痛而诞生的成语　　019

第二节

"民为邦本"是"药"也是"饭"　　022

第三节

巧用两种"动力"，"民为邦本"也可以发挥一定的作用　　026

第三章　为政以德

第一节

"为政以德"：一个很可能是因为给一个历史上有污点但又勇于改过自新的人一个忠告而问世的成语　　033

第二节

打铁还需自身硬，"铁掌水上漂"裘千仞为什么对"老叫花子"洪七公口服心服　　037

第三节

治国理政没有德是不行的，仅仅依靠德又是不够的　　041

第四章　革故鼎新

第一节

"革故鼎新"：一个死人用计策骗了活人而衍生的成语　　047

第二节

"革故"有可能会动相关人员的"奶酪"，所以必须讲究一定的方式方法　　051

第三节

"鼎新"也要把握好"度"，"过犹不及"　　056

第五章　任人唯贤

第一节

"任人唯贤"：一个在大悲大喜之后，既是自我期许又是表扬他人而诞生的成语　　061

第二节

辨别贤才并不简单，需要克服"路径依赖"　　064

第三节

发现贤才、识别贤才不容易，任用贤才更难，因为要走出相关行为主体的"心理舒适区"　　067

第六章　天人合一

第一节

"天人合一"：一个在先秦时期因为师徒二人讨论"相对论"而孕育的成语　　073

第二节

要准确理解"天"的含义，既不能当"秦宓"，也不能当"商纣王"　　077

第三节

张无忌为什么能够练成绝世神功"乾坤大挪移"，而林黛玉却很早就不幸夭折　　080

第七章　自强不息

第一节

"自强不息"：一个原本是占卜用语后来却被清华大学选为校训的成语　　085

第二节

"自强"必须抗压，要走出两个不同的"心理舒适区"　　090

第三节

对于自强不息者来说，方向和努力同样重要，甚至比努力更重要　　095

第八章　厚德载物

第一节

"厚德载物"：一个曾经至少被两位大咖引为座右铭并且因之而做出了"惊世骇俗"之举的成语　　101

第二节

从人见人厌的"小混混"到人见人敬的大英雄，周处的转变说明了什么　　105

第三节

"春秋霸主"的成长经历充分说明了"载物"的重要性　　109

第九章　讲信修睦

第一节

"讲信修睦"：一个被孔子视为理想社会成员所应具有的"核心价值观"的成语　115

第二节

"岂有鸩人羊叔子"与"烽火戏诸侯"："讲信"的重要性　119

第三节

"将相和"给我们的启示　123

第十章　亲仁善邻

第一节

"亲仁善邻"：一个因为没有认真践行它而导致相关国家遭受重大灾难的成语　129

第二节

管仲临终遗言透露出来的以往常常被人们所忽略的秘密　133

第三节

明朝永历皇帝朱由榔之死和蜀汉丞相诸葛亮再度与东吴联合带给我们的启示　137

第十一章　从善如登

第一节

"从善如登"：一个 2000 多年前被人通过"大数据"来对孔子一位老师的命运作出预测的成语　143

第二节

"小时了了，大未必佳"，秦桧也并不是从一开始就是一个坏人　147

第三节

钱谦益与洪承畴留给我们的启示　151

第十二章　先忧后乐

第一节

"先忧后乐"：一个出自"违背文学创作规律"却成为千古名篇的成语　157

第二节

"先忧"中"忧"什么？晋惠帝司马衷的一段看似奇葩的言论留给我们的启示　160

第三节

别人都以为可能痛苦得要死的孟尝君为什么在被罢官之后却感到前所未有的快乐　165

第十三章　铢积寸累

第一节
"铢积寸累"：一个被大文豪用来在梦中对他的"欢喜冤家"进行讽谏的成语　　171

第二节
"一屋不扫，何以扫天下"带给我们的启示　　175

第三节
被称为"比贼还笨"的曾国藩为什么能够干出惊天动地的大事来　　179

第十四章　行胜于言

第一节
"行胜于言"：一个因为一个特殊群体给清华大学送礼而在20世纪20年代新鲜出炉的成语　　185

第二节
同样性质的言语，为什么人们相信商鞅而不相信齐襄公　　188

第三节
两个原本受人尊敬的大咖为什么会被钉在历史的耻辱柱上　　191

第十五章　志存高远

第一节

"志存高远"：一个出自写给"神秘收信人"书信的成语　197

第二节

一个原本是民族英雄的人，为什么却成为很多人眼中的悖逆和"饭桶"　201

第三节

"志存高远"并不等于"好高骛远"："带汁诸葛亮"留给我们的教训与启示　205

第十六章　饮水思源

第一节

"饮水思源"：一个出自有国不能归、有乡不能回的超级游子作品的成语　211

第二节

刘秀为什么成功，项羽为什么失败　215

第三节

"水"应努力避免使"源"为之蒙羞：龚橙与张燕卿、张仁蠡留下的教训　219

第十七章　无远弗届

第一节

"无远弗届"：一个出自4000多年前开给名人大禹治疗"心病"药方的成语　225

第二节

德行真的可以无远弗届：宋仁宗留给我们的启示　228

第三节

德行"无远弗届"的基础和前提是"四行"：对"三顾茅庐"另辟蹊径的解释给我们的启示　232

第十八章　任重道远

第一节

"任重道远"：一个出自一身系儒家生死存亡者之口的成语　239

第二节

公孙杵臼为什么会对程婴说"子强为其难者，吾为其易者"？任重道远，首先需要的是忍常人所不能忍　242

第三节

多才多艺的唐伯虎为什么会在当时名满天下的宁王府装疯卖傻？任重道远，还需要辨常人所不能辨，站在历史正确的一边　245

第十九章　愚公移山

第一节

"愚公移山"：一个在重大历史关头被伟人用作"红色动员令"的成语　　251

第二节

苏武和李陵为什么一个名垂千古，一个却饱受诟病？愚公移山，首先需要的是弘扬一种精神　　254

第三节

伍连德博士为什么能战胜那场蔓延东北全境的大瘟疫？愚公移山还需要科学的方法　　258

第二十章　海纳百川

第一节

海纳百川，一个有可能和林则徐的名字有关的成语　　263

第二节

隋炀帝为什么没有走出"二代覆灭"的怪圈　　266

第三节

诸葛亮为什么要把李严贬为庶人　　270

第一章
天下为公

第一节 "天下为公"

> 两个特殊的人物，在一个特殊的时间、特殊的地点，在参加了一场特殊事件之后的一段对话而诞生的成语

"天下为公"是一个成语，"原指不把君位当成一家的私有物，后指国家的一切都属于人民"。①有人说，这是"两个特殊的人物，在一个特殊的时间、特殊的地点，在参加了一场特殊事件之后的一段对话而诞生的成语"。这里所说的"两个特殊的人物"，其中的第一个特殊的人物指的是孔子。孔子这个人很多人似乎都很熟悉，但是，如果仔细想来就会发现，在这个著名的历史人物身上有很多我们后人难以理解的自相矛盾的东西，比如说，据相关史料记载，孔子的祖先乃是殷商王朝的贵族，殷商王朝是被周王朝灭掉的，按照一般人的道理，孔子是应该对与他有"灭国之仇"的周朝怀有"不共戴天"仇恨的，即使不能像南宋文天祥那样为了不与灭亡南宋的蒙古帝国合作而舍生取义，至少也应当像八大山人那样在自己的作品上署上"哭之笑之"，或者像南宋灭亡之后，那位著名的画家郑思肖画兰花的时候，从来不在兰花下面画上土一样来表达自己对于新朝的不合作态度，②但是，孔子却毕其一生都在非常推

---

① 《成语大词典》编委会：《成语大词典》，商务印书馆国际有限公司2013年版，第1056页。

② 何蕾：《南宋理学与郑思肖的忠臣情结》，《大理大学学报》2019年第11期。

崇和向往灭掉他的祖先国家殷商王朝的西周王朝，乃是周文王和周武王以及周公的"铁粉"；孔子的第二个矛盾之处就在于他一生都非常推崇所谓的"周礼"，但是，在他的有生之年，却只是把关注的目光聚焦在他所在的鲁国乃至各个诸侯国的国君身上，而从来没有想要去拜访那位至少在当时还健在的周王朝的名义上的统治者；孔子一生的第三个矛盾之处就在于他有非常崇高的政治理想，但是，他却几乎没有将他的政治理想真正在任何一个诸侯国的范围之内践行过，所以，有人说，孔子充其量只是一个"政治学家"，而不是一个政治家。当然，说这些，我们一点儿也不想否定或者贬低孔子，因为他是一个非常伟大的教育家。正是因为有了他，一直被官方垄断的"教育"才开始走向民间，孔子开办了中国历史上第一所民间办学机构，而且"有教无类"，想到他这里来学习的人，他都毫无保留地教给他们做人、做事的道理，正是从这个意义上人们推崇孔子，并且追封他为"大成至圣先师"！在此基础上，他创建的儒家，形塑了中国人的价值观、人生观和世界观！我们这里所说的另外一个特殊的人，是指孔子的一个弟子，孔子的弟子很多，史书上说他"弟子三千，贤人七十二"，其中有很多都是我们所熟悉的，比如说颜回、子路、子贡、曾子等，这些人虽然每个人也都很特殊，比如说颜回特别有吃苦耐劳的精神，所谓"一箪食，一瓢饮，在陋巷，人不堪其忧，回也不改其乐"说的就是他；子路武功非常高，荣誉感特别强，他的死甚至也是为了维持其作为君子的尊严；而子贡则是当时非常有名的"资本家"和外交家；曾子则是道德修养方面的践行者和楷模，我们今天所说的"三省吾身"就出于他之口。但是，包括但不限于上述这几位孔子弟子，他们虽然每个人都特立独行，但是他们却有一个共同的特点，就是他们这些人都出生在北方，而我们这里所说的这位孔子的特殊弟子，他之所以特殊，是因为他是孔子唯一一个出生在南方的弟子，他的出生地具体来说就在今天的上海市奉贤区，所以读到这里，如果有上海的朋友肯定会忍不住来自嗨一下："阿拉上海人也是有文化的！"这位出生在南方的孔子弟子，姓言名偃，一般又被尊称为"言子"。这位言子除了出生地以外，与孔子其他弟子的不同还在于他特别重视礼乐教化。而我们这里所说的"特殊的时间"是指在孔子在世的某一年的腊月，"特殊的地点"则是指在举行腊祭的场合，"特殊事件"指的就是"腊祭"，腊祭是指在新旧交接的岁末十二月举行的一种祭祀活动。在这场祭祀活动之后，孔子回答言偃提问的时候，说了一段话，其中有两句叫作"大道之行也，天下为公"，我们今天所说的这个成语，就出自孔子的这段话。其实，"天下为公"这个成语在相当长的一段时间里，并不是非常有名，至少不能和孔子说过的其他一些非常著名的话并驾齐驱，如果用学术界的话语加以表述的话，那就是"被引率不高"，之所以在今天广为人知，是因为有一位非常著名的政治人物的推崇，这位非常著名的政治人物就是孙中山。看过民国题材影视剧作品的朋友想必会发现，在剧中一些主人公的办公室墙上常常挂着"天下为公　孙文"这几个字，孙文就是孙中山。顺便说一句，中国国民党和中国共产党的两位主要创始人，其实他们的本来名字并不是"孙中山"和"陈独秀"，而分别是"孙文"和"陈庆同"，"孙中山"这个名称来自"中山樵"这个化名，[1]而"陈独秀"这个名字则来自"陈庆同"的别号"独秀山民"，[2]当然这是题外话了。正是因为有了孙中山这位中国民主革命的先行者对这个成语的推崇，"天下为公"才得以广泛流行于后世，并且逐渐进入我们今天的主流话语和社会公众话语。

[1] 张港：《孙中山名字考》，《文史天地》2001年第1期。
[2] 史谭：《陈独秀的名、字、生年和留学学校》，《学术研究》1979年第5期。

第二节

"天下为公"绝不仅仅是孔子一个人的理想，也是相当一部分中国人的一种集体无意识，形塑了很多中国人的人生观、世界观、价值观

2020年那场突如其来的新冠暴发以后，在如何应对这场突如其来的公共卫生事件的过程中，不同的民族体现出巨大的不同，仅仅是在一个是不是应该戴口罩的问题上，中国与欧美就存在着巨大的差异。绝大多数中国人都能够自觉自愿地在公共场所佩戴口罩，不戴口罩不出门，而在很多西方国家却把"戴口罩"视为是对其个人权利的一种侵犯。中国人之所以这样自觉自愿地佩戴口罩，就是因为我们的血液中有"责任先于权利"，或者说"责任大于权利"的基因，这实际上就是某种意义上的"天下为公"的一种心理折射。其实，岂止是今天，可以说，从孔子所生活的那个时代开始，一直到现在，长达几千年的中国历史进程中，每一个时代，我们都能够发现"天下为公"的影子，不管这样的"影子"是不是叫作"天下为公"。我们都知道，先秦时期有一个"百家争鸣"的时代。这里所说的"百家"包括了那个时代涌现出的众多知名人物，像我们所熟悉的孔子、老子、庄子、墨子、荀子等，其实，那个时代还有一个人在当时也是非常有学问的，这个人姓杨，名叫杨朱，在当时，他的学问其实是不亚于我们前面提到的那些先秦诸子的。据相关史料记载，当时一度有"天下之言不归杨则归墨"

的说法，但是，这个人在后来却被淹没在历史的尘埃里。之所以会如此，并不是因为他个人品质上有多坏，他也没有把谁家的孩子抱起来扔到井里，更没有杀人放火，实在是因为他公开声称要建立一个"人人不损一毫，人人不利天下"的社会，用当时的人批评他的话说，就是"不肯拔一毛而利天下"。①这实际上就是一种极端的自私主义，换句话说，他是坚决反对"天下为公"的。正因如此，他才遭到了坚决反对，其他的诸子虽然主张各不相同，但至少有一点是相同的，那就是都是想要在处理"个体"与"群体"之间的关系过程中彰显自己的价值，而不是将"个体"与"群体"对立起来。曹操和刘备是很多人都很熟悉的两位历史人物，曹操其人在真实的历史上是一个豪杰式的人物，在他的手里，实际上终结了东汉末年北方的军阀混战，用他自己的话说，"设使国家无有孤，不知当几人称帝，几人称王"，②他"改革了东汉的许多恶政，抑制豪强，

---

① 闫伟：《杨朱及其思想再考》，《江南大学学报（人文社会科学版）》2021年第6期。

② 夏立君：《曹操为何不称帝——从〈述志令〉说起》，《阅读》2016年第1期。

发展生产，实行屯田制，还督促开荒，推行法治，提倡节俭，使遭受大破坏的社会开始稳定、恢复、发展"。美籍华裔历史学家黄仁宇先生曾经说过"《三国志》里的曹操，不见得比他同时人物如刘备、孙权更为谲诈"，但这个人为什么在中国老百姓的心目中会是一个白脸奸臣的形象呢？有人说，之所以如此，是因为他实质上篡夺了东汉的江山，是一个乱臣贼子！这样的话，骗骗一般的读书人还可以，其实是不会引发很多普通人的共鸣的。对曹操"不感冒"的罗贯中老先生的高明之处就在于，他没有仅仅从"乱臣贼子"这个角度污名化曹操，而是从做人的角度讲了一个故事，就是"吕伯奢杀猪"的故事。读过《三国演义》的朋友想必还记得这个桥段，就是曹操在刺杀董卓未成逃难时路过一个名叫吕伯奢的人家，吕伯奢把他安置在客房休息，自己上街买菜。在客房休息的时候，疑心很重的曹操听见隔壁有人说"是不是捆起来杀"，以为吕伯奢的家人想要谋划杀他，于是就仗剑出屋，一下子杀光了吕的全家。杀过人之后才发现在吕家的厨房里捆着一头猪，这才明白吕的家人们是在讨论如何杀猪。看到这种情况，如果是一个正常的人，应该有一种忏悔心，但是曹操却毫无悔改之意，公然说出了那句令无数人为之寒心的话,就是"宁可我负天下人,不可天下人负我"![1] 我想,很多普通老百姓可能正是因为看了这个故事和这句话,才彻底地在心里将曹操与"白脸奸臣"画上等号的!与曹操形成鲜明对照的是刘备。建安十三年也就是公元208年,曹操亲率大军南下,刘备不惜冒着被曹操大军追上来杀头的危险,也要带领十几万手无寸铁的老百姓一起向南逃难,仅仅就是这一件事,就为他获得了无数老百姓的爱戴,当时的名士张辅曾经评论曹操与刘备的异同说"(曹操)仁爱不加亲戚,惠泽不流百姓,岂若玄德威而有恩、勇而有义、宽弘而大略乎?"这话说得还是比较中肯的。曹操之所以受到许多普通老百姓的唾弃,是因为他违背了"天下为公"的理念,而刘备则是一个"天下为公"的践行者,所以尽管他一生颠沛流离,屡遭困厄,但是却仍然获得了无数的"粉丝"!在其后的中国历史中,虽然历朝历代的仁人志士们没有直接喊出"天下为公"这个口号,但是却无不以其言行来践行着"天下为公"

---

[1] 陈桂斌:《从曹操杀吕伯奢看关联理论对语境的解释力》,《高教学刊》2016年第11期。

的理念。从范仲淹的"先天下之忧而忧，后天下之乐而乐"，到林则徐的"苟利国家生死以，岂因祸福避趋之"，都是"天下为公"的某种意义上的另一种说法。所以我们完全可以说，"天下为公"这四个字从孔子对他的弟子言偃对话时开始算起，其后2000多年间，一直影响着或者左右着中国人的世界观、人生观和价值观。践行"天下为公"理念的，人人敬仰，反对"天下为公"，或者说违背"天下为公"理念的，则肯定会遭到人们的鄙视乃至唾弃！

第三节 "天下为公"是有前提的，为了实现这个前提，就必须付出艰辛的努力

"天下为公"，说起来容易做起来难。《晋书·惠帝纪》曾经记载过这样一个故事，说的是西晋王朝的第二任皇帝晋惠帝司马衷有一次到皇家园林华林园里边游玩，突然听到了几声蛤蟆叫，于是他忍不住问左右说，"此鸣者为官乎，私乎？"旁边的人想了想回答说，"在官地为官，在私地为私。"[①] 晋惠帝被公认是一个"白痴"皇帝，即使是这样一个低智商的人都能够想到要区别蛤蟆叫是"为公（官）"还是"为私"，由此可见，公、私之别在人们心目中是何等的根深蒂固！清朝有一个很有名的小说家叫作李汝珍，他创作了一部很有名的古典小说，叫作《镜花缘》，在这部小说中有一个桥段，说的是主人公来到了一个名叫"君子国"的国度，在这个国度里，人人都谦恭有礼，更绝的是卖东西的人唯恐多收买东西人的钱，而买东西的人则唯恐少付给卖东西的人钱。当然，这只是李汝珍的一种文学想象，在现实生活中，这样的"君子国"是很难找到的，之所以很难找到，是因为要做到这一点，就要解决这相

---

① 刘振敏：《由"何不食肉糜"想到的》，《中小学心理健康教育》2022 年第 26 期。

关行为主体的"内生动力"的问题,"君子国"是如此,"天下为公"更是如此!一般来说,像"天下为公"这样的理想想要实现的话,就要解决每一个相关行为主体的"三不"问题。这里所说的"三不"分别是指相关行为主体内生动力"不具备""不充足"和"不可持续"。所谓"不具备"是指并不是每个人都天生具备"我为人人"的觉悟和理念的;所谓"不充足"是指有的人虽然具备了这种觉悟或理念但也只是具备其中的一部分,比如说只对一部分人可以奉献爱心,而对于全社会、全民族、全国家乃至全世界的人们就不一定能够付出爱心;所谓"不可持续"是指虽然有的人既已具备这种理念,而且十分充足,但是却经不起长时间的考验,过了一段时间,可能逐渐就会把自己的理想消磨掉。怎样解决这些问题,从古到今,人们做了各种各样的努力和探索。这些努力五花八门,概括起来说无非是"软"和"硬"两手,"软"的方面以儒家为代表,儒家特别讲究教化,认为可以通过对相关行为主体的教育和软性约束,达到让他们"老吾老以及人之老,幼吾幼以及人之幼"的目的。为了达成"天下为公"的理想,他们先后进行了各种各样的努力,树立了各种各样的人生楷模。不妨跟大家分享两

成语大"观"——成语中的人生启示

个这方面的故事，这两个故事一个叫作"四知"，一个叫作"两不"。前一个故事与一个名叫杨震的人有关，中国历史上叫杨震的人很多，我们这里所说的杨震生活在东汉时期，在他出任东汉的某一个地方的太守期间，有一个人想要托他办事情，于是就携带重金前来给他送礼，杨震严词拒绝，那个人神秘兮兮地对杨震说，"您不用担心，这件事我做得非常神秘，绝不可能为人所知"。杨震义正词严地对这个人说，"此事天知地知，你知我知，怎么说不为人所知呢？"那个送礼的人有感于杨震的正义凛然，就把这件事说了出去，杨震的名声由此大振。据说，杨氏家族有一个分支专门就以"四知堂"作为本门的标志。[①] "两不"的故事与另外一位历史名人岳飞有关，这"两不"指的是"文官不爱钱，武官不怕死"，这两句话的背景是北宋、南宋交替之际，当时的朝廷官员非常腐败，文官是"黑眼珠见不得白银子"，而武官则往往甚至连敌人的影子都没有见到就望风而逃，对此深感痛心的岳飞在写给皇帝的奏折中非常义愤填膺地说出了这两句话，认为只要做到这两点，就会使

---

① 潘云广：《由"四知堂"所想到的》，《秘书之友》1997年第11期。

得国家恢复有望,①但事实证明靠少数人的自身努力和少数人的呼吁是起不到多大作用的。而且有些名人的后代更是违背了其父辈的家训,比如说我们所熟悉的王阳明、龚自珍等人,他们的后代或者是互相争夺家产而打得你死我活,②或者是面临外族入侵时卖国求荣当汉奸。③正是有感于此,主张进行"硬"规范的法家就凸显了他们的地位和作用。法家认为"人之初,性本恶",为了规制这种恶,他们就提出要"严刑苛法"。战国末年的秦国就是法家这种理念的一个最大的"实验室"。在商鞅等人的设计下,秦国的老百姓都"怯于私斗,勇于公战",所以帮助秦国很快统一了六国,法家主张要用严刑苛法,通过相关的制度来遏制人们的欲望。但是这种遏制其实也并不一定是有效的,因为任何制度都可能有漏洞。所以,在封建社会要想做到"天下为公"是非常困难的,只有按照马克思的理论,才有可能真正实现"天下为公"的梦想。有一位学者曾经说过,

---

① 韦中月、李长波、孟宪敏:《文官不爱钱 武官不惜死——南宋民族英雄岳飞的家风故事》,《中国纪检监察》2017年第8期。
② 赵永刚:《王门弟子保幼孤》,《贵阳晚报》2020年4月28日。
③ 清风明月逍遥客:《英法联军火烧圆明园,清朝人全力帮助趁火打劫》,凤凰网2019年4月25日。

要做到"天下为公",就要做到两个"尽可能",一个是物质财富要尽可能地多,另一个是人的欲望要尽可能地正常,而马克思主义最崇尚的社会理想是实现物质财富极大丰富、人民精神境界极大提高、每个人自由而全面发展的共产主义社会,在这个社会里,人人都是"各尽所能,按需分配"的,物质财富非常丰富,就是物质财富尽可能多,按需分配实际上就是人们的欲望尽可能地正常!所以,从这个意义上说,将马克思主义普遍原理与中华优秀传统文化相结合,同样具有非常重要的意义!

第二章
民为邦本

第一节 "民为邦本"——一个在国亡家破之后痛定思痛而诞生的成语

"民为邦本"也是一个成语,也作"民惟邦本",意思是指"人民是国家的根本"。[①] 有人说,这是"一个在国亡家破之后痛定思痛而诞生的成语"。这里所说的"国"指的是"夏",也就是"三皇五帝夏商周"的"夏朝"。"夏朝"原本是承袭传说中的"三皇五帝"之后的第一个朝代。如果"萧规曹随"的话,夏朝应该还是采用"禅让"的方式进行最高统治者职位的传承,但是,夏朝的统治者,具体一点说就是夏禹的儿子启却将自己老爸选定的继承人伯益给杀掉了,自己坐上了最高统治者的宝座,建立了"家天下"的私有制国家。俗话说,"天网恢恢,疏而不漏","出来混总是要还的"。启的儿子叫作太康,此人可谓是"生于深宫之中,长于妇人之手",整天花天酒地,不理朝政,而且根本不顾自己的"基本盘",也就是夏朝一般老百姓的死活,据相关史料记载,有一次,他竟然在外面整整打猎100天不理国政,结果被别人钻了空子,这个"别人",叫作"后羿"。"后羿"其人在中国历史上非常有

[①] 《成语大词典》编委会:《成语大词典》,商务印书馆国际有限公司2013年版,第729页。

名，但实际上却是两个人的名字，很多人往往将其混淆在一起，一个"后羿"是传说中的神话人物，也就是我们通常所说的"嫦娥"的丈夫，此人据说还曾经举箭射掉过好几个太阳，很明显，在真实的历史中是不可能有这样的人物的；另一个"后羿"则是一位真实的历史人物，他是东方有穷国的国君，又被称为"夷羿"，这个"后羿"就是我们本节里所说的这位。其所在的国家"有穷国"，处于夏朝的东部，实际上是属于夏朝的一个藩属国。这位"后羿"非常善于抓住机会，他看到太康不顾老百姓的死活，于是就一举推翻了太康的统治。[①]城门失火，殃及池鱼，太康不仅丢掉了国家，而且也连带着他的妈妈和五个弟弟也不得不流亡。这段历史被称为"太康失国"。后人常常说"挟天子以令诸侯"是曹操首创，实际上严格地说这样说是不准确的，从某种意义上说"后羿"才是中国历史上的第一个"挟天子以令诸侯"的人，为什么这么说呢？原来在把太康赶走之后，后羿并没有自己去坐上国君的宝座，而是在太康的五个弟弟中选择了一个叫作仲康的人，把他推上

[①] 鹿崇涛：《"羿"和"后羿"是同一个人吗》，《小学语文教师》2023年第5期。

了国君的宝座，充做自己的傀儡，并强迫仲康答应在有生之年不得对后羿所在的有穷国发动战争，同时，每年还要向后羿的有穷国缴纳一大笔相当于后世"岁币"的钱款，仲康并不是一个有本事的人，见到还能坐上国君的宝座，于是就答应了。当了7年的傀儡之后，仲康死了，后羿又把仲康的儿子姒相扶上傀儡宝座，姒相也一样没有多大作为。姒相的儿子名叫少康，此人不甘平庸，经过多年努力，在结成了广泛的"统一战线"之后，最终重新恢复了他们家族对夏朝的实际统治，这段历史在中国历史上叫作"少康中兴"。我们本节所说的"民为邦本"这个成语就出自太康失国之后，太康的五个弟弟和他的母亲在流亡途中所发的一段感慨，这段感慨被司马迁记录在《史记》当中，后人称为"五子之歌"。[①]"民为邦本"这个成语隐含了一个复杂的历史故事和一段深刻的人生感悟，而且也给今天的我们很多的启示。

---

① 龚文君：《从〈五子之歌〉看民生》，《博览群书》2012年第4期。

第二节 "民为邦本"是"药"还是"饭"

看到这个题目，可能有的朋友会感到一头雾水，甚至忍不住要吐槽问，你怎么能将"民为邦本"这么高大上的理念与"药"和"饭"联系在一起呢？如果从不食人间烟火的角度说，提这样问题的朋友没有什么不对，但是人毕竟都生活在真实的物理时空中，所以用"药"和"饭"来对"民为邦本"这个成语进行形象化的比喻和描摹，笔者认为也没有什么不可以："药"和"饭"都是人们离不开的东西，二者的区别在于，前者只在有的时候有用，而后者则在所有的时候都有用。"民为邦本"究竟是"药"还是"饭"呢？从理想化的状态来说，它应该成为"饭"，但是，"骨感"的现实生活却告诉我们，它只是一味"药"。为什么这么说呢？我们不妨先来回忆一下我们前面提到的"民为邦本"的出处，即《五子之歌》的那个语境，当时是在什么样的情况下，那五个王子才每个人说一段话，然后引出"民为邦本"这个成语的呢？当然是因为有人"有病"了，只不过这个"有病"的人不是他们，而是那五个王子的长兄，也就是夏启的儿子太康，太康其人身体上虽然没有生病，但是在治国方面却犯下了非常大的毛病，可以说是患上了"不治之症"，他的几个弟弟正是有感于他所患的"不治之症"这种病而导致的国亡家破的惨痛现实，在痛定思痛的情况下，才觉得应该服用"民为邦本"这味"药"！看到这里，可能有的朋友忍不住说，你这个故事并不能概括几千年的中国封建社会历史，比如说，那位被称为"千古一帝"的唐太宗，就曾经提出过与"民为邦本"概念类似的"水能载舟，亦能覆舟"，难道唐太宗也有病了吗？能够提出这样问题的朋友，说明你既对历史有一定的了解，同时也进行了比较认真的思考。但是我也想告诉这样的读者，唐太宗李世民提出"水能载舟，亦能覆舟"，其实也是因为"有病"之后发出的感慨，只不过这个"有病"的人，人们一般认为并不是他本人，而是他的那位表叔兼岳父，隋炀帝杨广。杨广这个人是非常复杂的一位君主，他曾经奉父亲杨坚之命，率领大军统一了全国，在南北朝分裂长达几百年的情况下，统一了中国，建立了统一的封建王朝国家，从这一点来说，他是有非常大的功劳的。但是，坐上皇帝宝座之后，他却不顾老百姓的死活，做了不少劳民伤财的坏事。李世民曾经有一段话评论他"隋炀帝承文帝余业，海内殷阜，若能常处关中，岂有倾败？遂不顾百姓，行幸无期，径往江都，不纳董纯、崔象等谏诤，身戮国灭，为天下笑"。这话说得还是比较到位的。他曾经征用大量民夫开挖大运河，同时不惜耗费大量民力、物力向外来的少数民族炫耀他的文治武功，更让人难以容忍的是，他不顾手下的反对，执意几次率领大军要征讨一个只是对他没有表示出应有的尊敬的小国高句丽。使得大量的老百姓流离失所，死于道路，结果呢，"其兴也勃焉，其亡也忽焉"，当了不过15年的皇帝，本人50岁就身死人手，为天下笑！[①]正是有感于表叔兼岳父杨广得的这个"重病"，所以，李世民才开出了与"民为邦本"类似的"药方"，就是"水能载舟，亦能覆舟"，其意无非是想要告诫手下人不要过于压迫老百姓。其实，"有病"的又岂止是杨广，李世民本身也并不像很多不明真相的人想象的那么好。据相关史料记载，在登基以后不久，李世民突然发现自己所居住的皇宫并不够高端大气上档次，于是就大量征集民夫，开始修建皇宫。此举在当时可以说是非常扎眼，因为隋朝殷鉴不远，所以遭到很多大臣的反对，但是李世民一概不为所动，直到有大臣

---

① 白云扬：《隋炀帝和唐太宗的"暴君、明君"之辨》，《哈尔滨学院学报》2011年第6期。

接二连三地上书劝说，李世民才最终不得不悻悻的收了手。[1]由此可见，"民为邦本"也好，"水能载舟，亦能覆舟"也罢，从某种意义上说在统治者看来都只不过是"治病"的苦药，没有"病入膏肓"是不会想起来的。

[1] 白云扬：《隋炀帝和唐太宗的"暴君、明君"之辨》，《哈尔滨学院学报》2011年第6期。

第三节 巧用两种"动力","民为邦本"也可以发挥一定的作用

在封建社会,民为邦本,虽然只是"药"而不是"饭",但是如果巧用两种"动力",也可以造福当时当地的老百姓。这里所说的两种"动力",一种是"内生动力",另一种是"外驱动力"。顾名思义,所谓"内生动力"就是相关行为主体自身内部产生的一种动力,由于包括但不限于孔子和荀子等著名学者的大力引导,包括但不限于唐太宗李世民等封建帝王的大力倡导,"民为邦本"或与"民为邦本"类似的理念在一些有良知的封建社会官员心目中还是占有一定的地位和分量的,在其所在地区的老百姓遭受到重大灾难的时候,这些官员们往往出于良知以及"民为邦本"的理念,是可以干出在一般人看来有些"傻"至少是"性价比"不是非常合理的事情的。不妨跟大家分享一个于成龙的故事。清代有两位于成龙,这两位于成龙对老百姓都很好,时人有"前于后于,百姓安居"的说法,我们这里所说的于成龙是前一个于成龙,此人曾经先后担任过罗城知县,合州知州,黄州府同知、知府,武昌知府(代),福建按察使,福建布政使,直隶巡抚等职。康熙元年即公元1662年,于成龙出任直隶巡抚,恰逢保定遇到严重的干旱,老百姓吃不上饭,惨不忍睹,他决定开仓放粮,此举却

遭到了手下人的一致反对，这些人为什么要反对于成龙开仓放粮给老百姓呢？这就不能不说一下清代的储备粮发放制度，清代的储备粮发放一般需要经过"报灾、勘灾、审户，确定受灾程度、受灾范围，划定灾情等级、地区和受灾人口，然后才核定放粮总额，报请皇帝批准，开仓拨粮"等一系列程序，其中最重要的是必须报请皇帝批准，于成龙的问题就在于他此次开仓放粮并没有报请皇帝批准，这样做的后果具有相当大的不确定性，他如果想要降低这种不确定性，就要向皇帝上书请求开仓放粮，这样做，对于他本人的风险最低，但对于当地的老百姓来说却风险性极高，因为上报皇帝需要时间，于成龙可以等，但是他所在地方的老百姓却等不及了，如果没有得到皇帝的批准，就私自开仓放粮，那轻则要被撤职查办，重则甚至会被杀头的，面对这两难选择，于成龙毅然决然地选择了后者。这段情节被记录到一部影视作品中。① 其实，真实的历史上的于成龙为老百姓办事远比影视作品展现的要精彩，据相关史料记载，在广西地方当县令的时候，他真心为当地老百姓办实事，所以

---

① 赵珍珍：《"天下第一廉吏"于成龙》，《文史月刊》2023年第2期。

深得当地老百姓的爱戴，而且他从不向老百姓收取任何钱财，他创设了一座"养济院"，救济衣食无着、无亲故的贫穷人和无人侍养的老人。有一次，他的家人不远千里来广西看望他，当地的老百姓觉得平常的时候想要送点东西给他他不要，现在于成龙的家人来了，他那么穷，给他送点吃的总行吧，但是于成龙仍然婉言谢绝了。其实，在中国历史上，类似于成龙这样的将底层老百姓的安危放在心上的官员并非只是个例，至少在西汉时候，还有一个叫作汲黯的官员，也是在外出巡视途中发现当地老百姓嗷嗷待哺，于是先斩后奏，没有请示当时的皇帝就打开粮仓，给老百姓放粮，自己则回到京城向皇帝请罪！当然了，类似于成龙和汲黯这样的官员，在封建时代毕竟属于少数！与"内生动力"相对应的是"外驱动力"。所谓"外驱动力"，顾名思义就是来自外部的驱动力。这种驱动力往往是由最高统治者发出的。这里不妨跟大家分享两个故事，其中的一个故事与五代十国时后蜀的最后一任皇帝后主孟昶有关。孟昶这个人据说不仅是春联的发明者，而且还作过一首很有名的诗。之所以说这首诗有名，并不是这首诗多么有文采，而是这首诗非常严厉地告诫手下的官员们，不能不顾老百姓的生死！这首诗是这样的，"朕念赤子，旰食宵衣，托之令长，抚养安绥。政存三异，道在七丝，驱鸡为理，留犊为规。宽猛得所，风俗可移，无令侵削，无使疮痍。下民易虐，上天难欺，赋舆是功，军国是资。朕之爵赏，固不逾时，尔俸尔禄，民膏民脂。为人父母，罔不仁慈，勉尔为戒，体朕深思"。孟昶还对当时的眉州刺史申贵等不顾老百姓死活的贪官污吏进行了坚决惩处。到了北宋初年，宋太祖赵匡胤不仅将孟昶的那首诗精练成"尔俸尔禄，民膏民脂。下民易虐，上天难欺"。[①]而且还通过相应的制度设计即"登闻鼓"，将"民为邦本"理念的外驱动力化作具体的制度。顾名思义，所谓"登闻鼓"是一种鼓，它的作用就是下情上达，是帮助老百姓反映问题的一个渠道，有点类似于今天的"信访办"，当时"登闻鼓"不仅是反映老百姓的泼天冤屈，有的时候老百姓遇到一些小事儿也会敲"登闻鼓"，请求最高统治者帮助办理。据相关史料记载，当时汴梁的一个老百姓家里丢了一头猪，于是也跑去敲"登闻鼓"，请求皇帝派人帮他把丢失的猪找回来。而当时的最高统治者宋太宗赵光

---

① 邹全荣：《官箴是苦口的良药》，《群言》2018年第11期。

义则立即下令要求汴梁地区的官员帮助这一个老百姓找回了这头丢失的猪,[①]由此可见当时这种"登闻鼓"制度,对于促进"民为邦本"的外驱动力还是具有一定的效用的。

---

① 晓荔:《宋代的"登闻鼓"投诉案例》,《领导文萃》1995 年第 8 期。

第三章 为政以德

第一节 「为政以德」

一个很可能是因为给一个历史上有污点但又勇于改过自新的人一个忠告而问世的成语

"为政以德"从广义上说也是一个成语，是指以道德原则治理国家。这个成语出自《论语》。我们都知道，《论语》是孔子的学生记录孔子言行的"课堂笔记"。在这部"课堂笔记"中孔子的言论大致可以分成两大类，一类我们可以形象地称之为"上大课"时留下的，一类可以形象地称之为"上小课"时留下的，凡是以"子曰"开头的一般都是"上大课"时留下的，而弟子提问孔子进行的回答一般都是"上小课"时留下的，这其实也符合孔子"因材施教"的教育理念。熟悉《论语》的朋友想必都知道，"为政以德"是放在这部书的第二大部分也就是"为政篇"这部分的，"为政篇"一上来就说，"子曰：为政以德，譬如北辰"。这话初看起来似乎是在给所有的学生"上大课"时的一个忠告，但实际上呢？我们却严重怀疑这句话极有可能是针对一个人说的，换句话说，这句话是给一个人在"上小课"。这个被孔子"上小课"的人是谁呢？他叫季康子，又叫季孙肥。季孙肥这个人是一个非常复杂的历史人物，从某种意义上说，他还是一个曾经有严重"历史污点"的人物！为什么这么说呢？话还得从他的父亲季桓子说起。鲁哀公三年，也就是公元前492年的秋天，这位季桓子一病不起，弥留之际他把手下一个叫作"正常"的家臣叫到面前说了一段非常不正常的话。季桓子对他说，"我死了之后，你就不要跟着我去了"，听到这话那位叫"正常"的家臣不由心头一喜，为什么这么说呢？因为季桓子所说的"跟着季桓子去"指的是为季桓子殉葬。我们都知道，在先秦时代，特别是在春秋时期，是有殉葬的传统的。秦始皇的祖先秦穆公就曾经让手下三位勇士奄息、仲行和针虎为他殉葬，所以，这位叫"正常"的家臣，听到他的主公说不用为他殉葬了，自然心里一喜，但接下来他的主公说的这番话，却让他感觉到有点儿哭笑不得，这位季桓子说，我的一个叫南孺子的夫人已经怀孕了，马上就要待产，如果她生下一个男孩，就让他继承我的爵位，如果是女孩，就让我现在的儿子肥也就是季孙肥继承我的爵位，真是无巧不成书，这位季桓子去世之后不久，他的那位叫南孺子的夫人果然生下了一个男婴。那位"正常"老兄，干了一件儿特别"无脑"的举动，就是当着季孙肥的面向当时的鲁国国君鲁哀公把季桓子临终前说的那段话原原本本地奏上，然后说，现在主公的夫人生了一个男孩，那么是不是就让他继承主公的爵位呢？鲁哀公觉得这事儿有点难办，于是就把目光投向了季孙肥，这可给季孙肥出了一个很大的难题，如果听从老爸的临终嘱咐吧，那么好不容易到手的爵位就要被这个刚出生的弟弟拿走，如果不听从老爸的嘱咐呢,又难免给人不孝的感觉,于是只能捏着鼻子说,就让他继承我父亲的爵位吧。过了几天,鲁哀公觉得还是要让人去验证一下真伪,于是就派了一个人前去打探,结果这个人回来之后报告说,那个刚生下来的男孩儿已经死了,是被别人杀的,而杀人者是谁呢?不知道,《左传·哀公三年》只用"或杀之矣"对此事进行了记载——"或"在古汉语中就是"有人"的意思。按照"谁是最大的受益者,谁就有可能是最大的嫌疑者"这个刑侦推理的基本法则来加以推断,那么最大的嫌疑者应当就是季孙肥!所以,从某种意义上说,这个季孙肥是个有谋杀亲弟弟"历史污点"嫌疑的人物。但是这个人又不是一个地地道道的坏人,他执政期间还是帮助鲁国做了一些事情的,比如说他曾经联合孔子的学生樊迟一起打败了齐国的入侵,而且更重要的是,他执掌鲁国大权之后,有感于孔子的道德人品,还专门派人将孔子恭恭敬敬地从周游列国的国外请回到鲁国。[1] 所以,可能正是有感于这个人的这段复杂的经历,孔子就在一次"上大课"时说到了"为政以德,譬如北辰"这段话。

---

[1] 张磊:《论鲁国大司徒季康子与孔子儒家为政之道的互动》,《海岱学刊》2016年第2期。

笔者为什么下这样的断言呢？是因为"为政篇"的构成很奇怪：这部分一共分24个小段，24小段里边竟然用了很大的篇幅讲什么是"孝"，向孔子问"孝"的就有孟懿子、孟武伯、子游和子夏，而且孔子对于每个人的回答虽然都不尽相同，但核心却是"无违"，就是不应违背父母的意愿！联想到季孙肥对待他的老爸临终遗嘱的态度，这话是说给谁的答案应该是呼之欲出了！看到这里，可能有朋友忍不住要吐槽说，既然是给季孙肥"上小课"时说的，那孔子的弟子们为什么在整理"课堂笔记"的时候不直接写出来呢？这话问得好，前面我们已经说过，这位季孙肥在当时的鲁国是非常有影响力的，孔子的弟子如果把这段话直接说成是给季孙肥"上小课"那可能就会有"当着和尚骂贼秃"的嫌疑，好在孔子编纂《春秋》时曾经运用过"皮里阳秋"的"春秋笔法"，所以，孔子的弟子们就把孔子这段原本是"上小课"的话，变成了"上大课"时说的话，并且将其放在"为政篇"的开篇部分，实际上这就是"皮里阳秋"的"春秋笔法"！正是因为包括但不限于上述原因，所以笔者认为"为政以德"，极有可能是孔子针对季孙肥这个有谋杀亲弟弟"历史污点"的人物而发出的一番忠告。这份忠告不仅是对季孙肥说的，其实也留给后人们很多宝贵的启示。

第二节

打铁还需自身硬,"铁掌水上漂"裘千仞为什么对"老叫花子"洪七公口服心服?

香港武侠小说大师金庸先生有一部名著叫作《射雕英雄传》,在这部作品中有一个桥段说的是恶贯满盈、劣迹斑斑的恶人"铁掌水上漂"裘千仞有一次落到了一大群武林高手的手里,被他害死儿子的瑛姑要求在场的各位武林高手帮她报仇除奸杀掉裘千仞。这位"铁掌水上漂"不仅有一身轻功,而且还有一身无赖的功夫,他当时没有做任何抵抗的动作,只是理直气壮地对围在他身边的那群武林高手说,"我确实做了很多坏事情,但是在座的各位谁敢说自己一生从没有做过一件坏事?假如说有的话,你们就上前来了结我的性命!"当时围在他周围的有"北丐"洪七公、"南帝"一灯大师、"老顽童"周伯通等,到了最后,这位一生从不服人的"铁掌水上漂"竟然对挺身而出惩罚他的"老叫花子"洪七公口服心服,俯首就死!有的朋友可能忍不住就要问了,这是为什么呢?在这些武林高手中不要说"一灯大师"南帝的武功要高于"北丐"洪七公,就是"老顽童"周伯通的"左右互搏之术"也是不亚于洪七公的,那问题就来了,为什么这位裘千仞对于武功并不是最高的"老叫花子"洪七公口服心服?原因不在于别的,而在于洪七公老爷子为人正义,用他的话说,"老叫花一生杀过231人,这231个人个个都是恶徒，若非贪官污吏、土豪恶霸，就是大奸巨恶、负义薄幸之辈。老叫花贪饮贪食，可是生平从来没杀过一个好人！"这番话说得正义凛然，使得裘千仞无话可说。这一段描写虽然是文学作品中的虚构，但是对于现实生活中仍然具有一定的启示意义。陕西西安碑林博物馆有一块碑上刻着"吏不畏吾严，而畏吾廉；民不服吾能，而服吾公。公则民不敢慢，廉则吏不敢欺。公生明，廉生威。"36个大字。这段话出自《官箴》，有人说是明代河北省无极县知县郭允礼说的，也有人说是清朝陕西延绥道台颜伯焘转引他的父亲颜检的，还有人说出自明朝山东巡抚年富之口的，不管是谁说的，这段话其实都透露出这样一个事实，那就是，即使是在封建时代，如果要当一个老百姓口服心服的好官，至少要做到两点，这两点也就是我们通常所说的"为政以德"中的个人修德的重要内涵，即"廉洁"和"公正"。我们不妨跟大家分享一下关于"清官戏"的思考，中国历史上，除了那些神仙鬼怪戏之外，其实还有一类戏广受老百姓欢迎，那就是"清官戏"，这些"清官戏"的主角包括但不限于包公、海瑞、施公等。这些人要说有多大的施政本领和治国才能，实际上也谈不到。但是，为什么老百姓对他们那样信服呢？我想其中很重要的一个原因，就是这些人都有一个共同的特点，那就是都特别廉洁！比如海瑞他们家每天只是吃点青菜，如果偶尔割半两肉回去打牙祭，也会被当地的老百姓传为了不得的新闻！① 类似的清官，在中国古代还是为数不少的。比如说那个"怀橘献母"的陆绩，他曾经在一个盛产宝石的地方当官，卸任之后两袖清风，因为从他任职的地方回家要过海，海上有大风浪，船里需要有重物来压舱，因为他一身了无长物，所以就请老百姓在岸边搬了一块大石头，放到舱里边做压舱石，一时传为美谈，② 所以陆绩一生当官，所到之处，老百姓对他无不都口服心服！不妨再说一个"公正"的例子，我们很多人可能都读过《三国志》或者《三国演义》，都对诸葛亮有所了解，其实，和诸葛亮同时代的蜀国还有一个人，叫作李严，此人也很不一般。刘备白帝城托孤的时候，很多人以为刘备只是向诸葛亮一个人托孤，实际上不是，当时还有另外一个人一同被作为所谓的"顾命大臣"被刘备托

---

① 丁锡满：《包公掷砚与海瑞买肉》，《检察风云（法制新闻月刊）》2000年第3期。

② 刘琪瑞：《以石为鉴》，《党员干部之友》2023年第7期。

孤，这个人就是李严，李严这个人有很大私心，他个人和诸葛亮之间有一种说不清、道不明的"瑜亮情结"，所以在诸葛亮率军北伐的过程中，他竟然断了蜀军的粮道，迫使诸葛亮无功而返，因此被诸葛亮贬为庶民。按照道理来说，李严是应当对诸葛亮充满刻骨仇恨的，但是诸葛亮病逝的噩耗传来时，他却痛哭失声，为他这个过去政敌的去世而感到深深的痛惜！[①]李严为什么这样痛惜呢？就是因为在他看来，诸葛亮非常公平公正，倘若诸葛亮还活着的话，他李严还有恢复官职的希望，诸葛亮去世这种希望就几乎不存在了，所以，他才失声痛哭！包括但不限于上述这些故事都从不同的侧面告诉我们，其实，对于相关行为主体，也就是那些拥有一定行政资源的官员来说，"为政以德"首先要做到一"廉"二"公"，做到这两点，就可以像孔子所说的，"譬如北辰，居其所而众星共之"！

---

① 周云龙：《李严之废咎由自取——为诸葛亮辨诬》，《明清小说研究》1996年第1期。

第三节 治国理政没有德是不行的，仅仅依靠德又是不够的

《孔子家语》中曾经记载过一段孔子批评他的弟子的故事。这个被孔子批评的弟子叫子贡。子贡本名叫作端木赐，在孔子的诸多弟子中，以善于商业经营而闻名，用今天的话说，他就是那个时代的马云、马化腾。据后人考证，孔子周游列国的那些差旅费、食宿费什么的，绝大部分都是由子贡来给"报销"的。俗话说，"拿人的手软，吃人的嘴短"，今天的某些所谓的"学者"拿了房地产开发商的"劳务费"之后，往往都站在房地产商的立场来信口雌黄，黑白颠倒！但是孔子毕竟是孔子，他虽然接受了弟子的资助，但是对于弟子的不当言行，发现之后还是要提出严厉批评的。这一次孔子批评的是什么呢？这话还得从当时鲁国的一个很不好的客观现实说起。笔者注意到2023年的新闻中，常常有一些同胞被骗到缅甸北部去当"奴隶"，甚至被"割腰子"的相关报道。孔子所生活的那个时代鲁国虽然没有人被骗去"割腰子"，但是，却有很多人被贩卖到国外去当奴隶，当时的鲁国统治者目睹这件事儿也很着急，于是就公开宣布，谁要是能够把这些奴隶从国外赎买回来，赎买费用由国家报销！子贡因为本身很有钱，个人品德也很高尚，又目

睹了这些同胞在当时的"缅北"的不幸遭遇，所以不由恻隐心大发，于是就自己掏钱赎买了一大批被当成奴隶的鲁国人回到了鲁国，而且回国之后也不准备向当时的政府来报销这笔赎买奴隶的费用，并且把这件事儿报告了孔子。孔子听了之后，非常严厉地批评了子贡！子贡一开始还感觉到很委屈，心想，我招谁惹谁了？！我花了这么大一笔钱。赎买回了自己的同胞，又不去国家那里去报销，您老人家不但不表扬我，反倒劈头盖脸地骂了我一顿，您怎么能这样啊？！孔子见子贡七个不服八个不忿的，于是就语重心长地对他说，你自己掏腰包赎买同胞回国，这是一件品德高尚的事，值得充分肯定！但是，你有没有想过，是不是所有的鲁国人都具有你这样的财力和你这样的品德呢？如果没有的话，那么你这样的行为，实际上就是树立了一个别人难以企及的道德标杆，当别人做不到的时候，很可能就会对于赎买鲁国同胞回鲁国这件事儿望而却步，那样的话你的这种高尚行为，不但不能起到率先垂范的作用，反倒有可能害了那些在"缅北"那个地方苦苦挣扎的鲁国同胞啊！子贡听了，如醍醐灌顶，幡然顿悟，立刻向老师承认了自己的错误！①这个故事从一个侧面非常形象地说明要确保一件事情利国利民，仅仅依靠个人品德是不够的，还需要遵守相关的制度或者制定相关的制度。这方面中国历史上是有很多经验和教训的。我们不妨跟各位朋友分享一个"文景之治"的故事。"文景之治"中的"文"指的是汉文帝。汉文帝叫作刘恒，是汉高祖刘邦众多儿子中的一个，在刘邦的众多儿子中刘恒既不是嫡长子，他的母亲也没有像刘如意的母亲戚夫人那样得到刘邦的特别宠爱，所以，刘恒原本是一个默默无闻的人，由于阴差阳错，他当上了西汉帝国的第三任皇帝，当上皇帝之后，这个不起眼的人却创造了中国历史上的第一个开明盛世"文景之治"。之所以能够创造出"文景之治"，原因有很多，有人说是因为刘恒个人品德特别高尚，特别俭朴，当上皇帝之后他仍然穿着打补丁的衣服，吃着粗茶淡饭，而且他的后宫佳丽也都非常俭朴，

---

① 刘增光：《从"子贡赎人让金"看儒家的道德、伦理、法律关系》，《江汉论坛》2014年第4期。

而且他还要求死后对他进行薄葬。但是，倘若仅仅是依靠个人品德比拼俭朴，就想创造出"文景之治"，那实在有点太天真了！中国历史上有些皇帝也是很俭朴的，比如说明朝最后一个皇帝崇祯皇帝和清朝的嘉庆皇帝都是非常俭朴的，他们都穿打补丁的衣服，吃粗茶淡饭，但是他们为什么没有能够使得自己治理的国家达到天下大治呢？这其中很重要的一个原因就是他们没有依靠相应的制度来治理国家。而汉文帝刘恒之所以能够创造出"文景之治"，很重要的原因是他创造了一套制度，这些制度，包括与民休息、劝民农耕等。这样就使得经历过秦末大战乱的西汉帝国的老百姓，能够休养生息，逐渐过上了相对幸福的生活，[①] 从这个意义上说，我们说，治国理政，没有德行是不行的，但是仅仅有德行又是不够的，必须有相应的制度做支撑，这才是对"为政以德"的最好诠释。

[①] 胡晓娟：《"文景之治"形成原因分析》，《中学历史教学参考》2022 年第 2 期。

第四章
革故鼎新

第一节 「革故鼎新」
一个死人用计策骗了活人而衍生的成语

"革故鼎新"也是一个成语,原意是指革除旧的,建立新的,"多指改朝换代或重大变革"。[①] 这个成语最早出自《周易·杂卦辞》中的"革,故也""鼎,新也"。但实际上"革故"与"鼎新"真正连在一起作为一个成语使用,却是在唐代,这个成语的出现还有一个故事,这个故事被人戏称为"一个死人用计策骗了活人"的故事。"死人"骗"活人",这是怎么一回事呢?故事中的"死人"指的是姚崇,"活人"指的是张说。姚崇和张说都是盛唐时期著名的政治家和文学家,只不过相比较而言,姚崇在政治方面更厉害,而张说呢,在文学方面可能更有建树。具体来说,张说这个人诗写得不错,比如,很多人都很熟悉的那首"客心争日月,来往预期程。秋风不相待,先至洛阳城"就出自他的《蜀道后期》,但是,实事求是地说,让他在当时声名鹊起的并不是诗歌,而是一种特殊的文体,叫作"神道碑文"。"神道碑"是立于墓道前记载死者生平事迹的石碑,大多记录死者生平年月,所作贡献等,打

[①] 《成语大词典》编委会:《成语大词典》,商务印书馆国际有限公司 2013 年版,第 395 页。

一个不太恰当的比方，有点类似于后世追悼会上所致的悼词。后世的很多政治人物去世之后，其家属往往都特别重视官方追悼会上悼词的提法和措辞，因为这涉及官方对于死者一生的整体评价，往往有因为几个字就要争论几天甚至十几天的情况，由此可见其重要性。神道碑其实从某种意义上也有这种属性，但是神道碑毕竟又不同于今天的悼词，里面除了死者生前所获得的官职和死后的谥号之外，其他的一些内容是可以有很大的"运作"空间的。如果神道碑的撰写者对于死者有很大的好感，或者说收了死者家属的钱，那么就会隐恶扬善，扬长避短，反之就有可能在里面埋下几颗"雷"。姚崇知道自己和张说虽然有往来，但是交情并不十分密切，但是，他也不能免俗，也非常希望他去世之后神道碑的碑文能够请张说来撰写，这是一个很难完成的任务，比这更难的事就是要让张说在撰写神道碑碑文的时候，能够帮自己说好话，尽可能提升自己的正面形象，至少是不贬低自己，于是，他思之再三，就把自己的几个子女叫到面前，对他们说，我一旦去世之后，你们要马上把咱们家收集到的那些珍奇的古玩都收集在一起，摆在堂前，然后立刻上门延请张说张大人前来，他一进到咱们家里应该就会发现那些珍稀古玩，这个时候你们就要恳请他对这些古玩进行鉴赏，看到他中意的就立马送给他，趁他高兴的时候，就恳请他为我撰写神道碑碑文，他拿了咱们的手短，所以估计只好当场就写，写完之后你们要把这个碑文立刻送到宫里请皇帝阅示，张说这个人比较贪心，很可能会觉得送给他的古玩不是物有所值，可能会派人来要他那道碑文，说要回去修改，这个时候你们就告诉他说，那个碑文已经送到皇宫中，恭请圣上阅览并且定稿了。事情的发展的确就像姚崇所预料的那样，张说听了之后非常懊悔地连连说"死去的姚崇还能够算计我这个活着的张说，我真的是没有姚崇聪明啊！"① 在这个故事中，姚崇邀请张说为自己撰写的神道碑的碑文名字叫作《唐中书令梁国公姚崇神道碑铭》，在这个碑文里边有一段话"夫以革故鼎新；大来小往；得丧而不形于色；进退而不失其正者；鲜矣！"，"革故鼎新"就出自这段话。张说在这篇神道碑碑文里边可能难免会有一些溢美之词，但是对于姚崇当政期间"革故鼎新"的评价，却基本上是准确的。据相关史料记载，有一次，姚崇

---

① 沈淦：《死姚崇智斗活张说》，《第二课堂（高中版）》2011年第11期。

和一个叫齐浣的官员一起聊天,姚崇问齐浣"你觉得我作为宰相可以和什么人相比?能不能比得上管仲、晏婴?"齐浣回答说"没法比"姚崇不解地问"怎么没法比?"齐浣回答说"管仲、晏婴当宰相时一直政策稳定,而您所制定的政策却随时更改,所以,从这个意义上说,您不能和管仲、晏婴相比!"这个叫齐浣的官员看人还是很准的,姚崇执政的确是特别重视与时俱进,据《新唐书》记载,唐玄宗即位之初,准备任用姚崇为宰相,姚崇没有立刻答应,而是给唐玄宗上了一道奏折,里边接连提了十条"革故鼎新"的建议,说如果皇帝陛下您能够做到,我就出任宰相,如果做不到,那就算了吧,这十条建议就是著名的《十事要说》!就像"死诸葛吓走活仲达"给《三国演义》留下精美的故事一样,姚崇用计策算计张说撰写神道碑碑文这个故事,尤其是姚崇本人的人生经历也留给我们很多宝贵的启示。

第二节 "革故"有可能会动相关人员的"奶酪",所以必须讲究一定的方式方法

前几年有一本书曾经一度很流行,这本书的名字叫《谁动了我的奶酪》,"革故",从某种意义上说,就是动相关人员的"奶酪",动他们的饭碗,有的时候甚至可能还会危及相关人员的身家性命,所以肯定会遭到相关行为主体的强烈反弹!面对这些强烈反弹,从理论上说,至少有两种选项,一种选项就是不顾相关人员的强烈反弹而一意孤行,我行我素。这方面的典型代表人物是王安石。王安石是北宋时期著名的文学家、思想家和政治家。作为"唐宋八大家"之一,王安石在文学创作方面的成就从古至今没有遭到什么质疑。他的散文如《游褒禅山记》《读孟尝君传》《答司马谏议书》等曾经被选入中学语文课本,他的诗歌《元日》"爆竹声中一岁除,春风送暖入屠苏。千门万户曈曈日,总把新桃换旧符"千百年来一直为人们所传诵,所以,笔者在排序的时候把"文学家"排在了"思想家"和"政治家"之前,言外之意就是作为"政治家",王安石是不十分合格的,之所以不十分合格,可能和他的性格有一定的关系。从心理分析的角度加以考量,王安石的性格应该属于偏执型人格,所以当时的人称他为"拗相公",[①]从这个

---

① 木风:《拗相公王安石》,《国学》2010年第1期。

绰号就能够看出他的性格。他所生活的时代是北宋神宗时代，为了鼓动当时的皇帝宋神宗同意他变法，他在一封写给神宗皇帝的奏折当中，曾经提出了著名的"三不足"理论，所谓"三不足"，是指"天变不足畏，祖宗不足法，人言不足恤"，这个说法实际上就是把他认为的当时的最高统治者神宗皇帝有可能对变法产生的犹豫及恐惧的退路全部给堵死了！由此可见他的狠劲。为了变法，用网络上的话说，他可真的是拼了！他不顾当时许多人的反对，一口气颁布了包括青苗法、募役法、保甲法、方田均税法、市易法等一系列变法法律，结果触动了当时相当一部分人的核心利益，所以就招致了这些人群起而攻之，他变法图强的本意应该是好的，但是因为没有注意讲究一定的方式方法，所以就连为人特别平和，和他还属于文学上的朋友的苏东坡等人都对他的变法持否定和反对的态度，等到一个名叫郑侠的小官给皇帝献上一幅《流民图》，攻击变法使老百姓苦不堪言，[1]当时的另外一位大咖司马光又上《应诏言朝政阙

---

[1] 张宜书、王中旭：《郑侠〈流民图〉——一幅"规谏"的图画》，《美术研究》2004年第3期。

失状》跟进，加上神宗的奶奶曹太后和老娘高太后向神宗哭诉"王安石乱天下"，使得他的变法最后只能黯然收场，可谓是"其兴也勃焉，其亡也忽焉"！与这种不顾一切硬干的方式形成鲜明对照的是另外一种方式，那就是在面对强烈反弹时，注意一定的方式方法，换句话说，就是要充分考虑变"革故"的力度和相关行为主体所能接受的程度，并且妥善地处理好二者之间的关系，寻找二者之间的平衡点。这方面做得比较好的是元宏，元宏又称拓跋宏，乃是北魏第七位皇帝，史称孝文帝。北魏是南北朝时期少数民族鲜卑族创立的一个政权。这个政权一开始时的首都是在平城，也就是今天山西的大同，在那个时代，大同还属于草原深处，对于那些习惯于马上游牧生活的鲜卑族贵族来说，平城经过几代人的发展，虽然不是花团锦簇，但也是他们的安乐窝和享乐窝，但是，一心想要通过吸纳汉族中原文化来确保国家更好发展的元宏却认为此地远远不如他所相中的另外一个城市河南洛阳。于是，他就动了把首都从平城迁到河南洛阳的念头。但是，"迁都"无论在哪个时代，哪个朝代，都是一件非常大的事情，肯定会遭到很多人的劝阻和反对！最典型的比如说明朝末年，面临农民起义军和外来的满族军队的双重压力，曾经有大臣建议当时的皇帝崇祯把首都从北京迁到南京，结果建议刚一提出，就立刻遭到很多人的反对，在那种内忧外困十分危险的情况下，迁都的主张都没有获得多数人的赞成，由此可见，"迁都"确实不是一件想做就能做的事。但元宏毕竟不是一般人，为了达到迁都的目的，他想了一个办法，打定主意之后，就对外宣称他要御驾亲自南征，就是要消灭和北魏对立的南齐，因此下令，在当时的平城的所有鲜卑族贵族都要举家随着他一起随军南征，几十万人的大军，包括家属，浩浩荡荡从山西大同一直走到今天的河南洛阳，因为那个时代的交通非常落后，一路上非常艰难，加上又逢雨季，一路上大雨滂沱，那些已经过惯了安乐生活的鲜卑贵族，一个个苦不堪言，到了洛阳这个地方纷纷叫苦连天。这个时候元宏召集他们说，现在给你们两个选择，一个选择是随同我继续南征，这样你们其中的很多人很可能会命丧黄泉；另外一种就是你们同意我把首都迁到我们现在停留的这个地方，也就是洛阳。你们只有这两个选项，面对这种"二选一"的境况，绝大多数鲜卑贵族贪生怕死，觉得与其南征，冒着生命危险，不如就在洛阳这个地方定都，把首都迁到洛阳，于是，明朝的崇祯皇帝说破天也没有办成的事情元宏却通过这种先提出一个很多人看来不可接受的选项，然后再提一个他们基本上可以接受的选项让他们选择，结果就把"迁都"的这件事给办成了。[①]元宏所采用的方法，用经济学的术语加以表述的话叫作"次优选择"，所谓"次优选择"，就是既不是最好的选择，也不是最差的选择，而是最现实的选择，鲁迅先生曾经说过，如果想要在一个密不透风的铁屋子开一扇窗，如果你直接说，肯定会遭到屋子里很多人的反对，但倘若你先假装提议要把这个铁屋子的房盖整体都掀掉，然后再提出开窗子的选项，让所有的人进行二选一，那么可能很多人就会同意你不掀房盖，而同意你在屋子开一扇窗。[②]鲁迅先生的这段话，实际上就是对元宏当年"迁都"这种"革故"所采用计谋的一种形象的阐释。在现实生活中，要进行改革或者变法，还是应当汲取王安石的教训，学习元宏的经验，妥善地处理好改革的力度和相关行为主体所能接受程度之间的关系，并且努力寻找到二者之间的平衡点。

[①] 张洪：《浅论元宏勇于改革的气魄、胆量和智谋》，《高师函授学刊》1994年第6期。

[②] 李韧：《文化与人：鲁迅青年思想初探（续）》，《上海青少年研究》1986年第11期。

第三节　"鼎新"也要把握好"度"，"过犹不及"

太史公司马迁老先生在《史记》讲述过这样一个故事，故事的主人公叫作曾参，如果熟悉儒家历史的人想必都知道他是孔子的弟子，而且是孔子非常有名的弟子，此人在《论语》中的地位很高，是孔子学生中为数不多的被冠以"子"这个尊称的人。此人不仅是孔子有名的弟子，而且也是一个著名的孝子，据司马迁记载，有一次，他和他的老爸一起到地里干农活，一不留神就把一大堆庄稼苗当成杂草给除掉了，他老爸看在眼里，火在心头，不由分说地拿起一根棍棒就对他劈头盖脸的一顿暴打，曾子自诩为一个大孝子，所以见到老爸打他，就一动不动地硬挺在那里，结果一不留神被老爸打昏在地。当然并没有被打死，几天以后他去见孔子，带有几分炫耀的心理向孔子讲述了这件事儿，估计当时曾参这位老兄的心情可以用后世的一部电影的名称《求求你，表扬我》来加以描述。但令他万万没有想到的是，一向温文尔雅的老师却对他疾言厉色，也是劈头盖脸地，当然不是给他一顿打，而是劈头盖脸地对他进行了一通批评，孔子给他讲了一个故事，这个故事和"尧舜禹汤"的舜有关系。舜这个人不仅是儒家心目中一个理想的君主，而且还是一个有名的孝子，我们后世人经常说的"二十四孝"中的第一孝就与他有关。但是，此人是个孝子，却不是那种愚孝，他老爸叫作瞽叟，对舜不喜欢，反倒是喜欢他的弟弟象，因为不喜欢舜，所以经常就对舜进行殴打，但是舜这个人并不像曾参那样愚孝，他老爸打他的时候，如果是用很小很细的棍棒打，他就站在那里不动，如果是用很粗很大的棒子打他，他就会起身跑掉。孔子对曾参说，这才是真正的孝子！真正的孝子，是"小杖则受，大杖则走"，我问你，如果你的老爸当时一不留神把你给打死了，会不会让你的老爸蒙上一个"不慈"的罪名，那样的话你还能成为真正的孝子吗？听了老师这番话，曾参如醍醐灌顶，大梦方醒。[①] 后来在此基础上衍生了一个成语，叫作"过犹不及"，不仅尽孝道应注意把握一个"度"，"鼎新"时同样也需要把握一个"度"，以避免"过犹不及"。这方面中国古人是有很多经验和教训的，最典型的就是那个叫王莽的人。王莽的一生大致可以分成两个阶段，在没有篡夺西汉政权之前，他是很多人心目中的好人，甚至是圣人，但是在篡夺西汉政权之后，他却走上了一条不管是否合适的所谓"鼎

---

① 高建军：《曾子的故事》，《小学生必读（高年级版）》2020年第3期。

新"之路。为了响应所谓上天降下的吉兆，他甚至把一个在京城里边卖炊饼的小贩拉来任命为国家的八位重臣之一，在当了皇帝之后，短短几年期间，像翻烙饼似的对国家的政策改来改去，仅仅是货币就改了无数次，他的很多"鼎新"理念在今天看来可能确实带有一定的创新性，但是却因为并没有考虑到当时的实际情况，走得过急过快，所以尽管他的王朝叫作"新朝"，但实际上这个"新朝"却并没有存活多久，甚至非常尴尬、非常吊诡的是，在很多历史学家的心目中，这个"新朝"往往被视而不见，由此可见，"鼎新"也是不能蛮干的！

第五章
任人唯贤

第一节 「任人唯贤」

一个在大悲大喜之后，既是自我期许又是表扬他人而诞生的成语

"任人唯贤"也是一个成语，意思是指"任用人只选择德才兼备的人"。① 这个成语与一个人有关，这个人姓管名仲，叫作管仲，是春秋时期一个非常有名的人物。说起管仲其人，虽然孔子对他赞誉有加，认为如果没有管仲，我们这些华夏民族可能就会被蛮族所同化，披散着头发，穿着往左开的衣服成为野蛮人。但是实际上管仲这个人呢，却并不是那么"伟光正"的。有很多人说他是中国历史上第一个官方"红灯区"的创立者和批准者，即使在私德方面，他也是毁誉参半的。据相关史料记载，他在年轻的时候和别人一起做生意，总是多吃多拿多占。后来从军，每逢与敌方交战，一旦情况不利，他总是率先逃跑，所以因此屡遭别人的诟病。成年后转入仕途，他的政治眼光一开始也并不令人恭维。当时他所在的齐国，除了国君以外，还有两大在野的潜在势力，一股势力以公子纠为代表，一股势力以公子小白为代表。管仲这个人不知道是不是穿越回去的，他可能觉得"小白"这个词听起来好像有些不靠谱，所以就选择了公子纠当自己的老板。当然，这都是开玩笑

---

① 《成语大词典》编委会：《成语大词典》，商务印书馆国际有限公司2013年版，第895页。

的话了。公元前686年，齐国内乱，管仲觉得这是个千载难逢的好机会，于是就护卫着他的老板公子纠从国外着急忙慌地往国内赶，同时他又考虑到公子纠的主要竞争对手公子小白可能也想回国当国君，所以就自告奋勇地领着人到公子小白返回齐国的路上开展暗杀活动，并且一箭射得小白满脸是血，倒在车中。百密一疏的管仲以为老板的这位竞争对手公子小白已经被他射死了，所以君臣一行人等就慢慢悠悠地从国外往齐国赶，殊不知那位公子小白绝对不是一个官场上的"小白"，他通过"诈死"的方式骗过了管仲，然后日夜兼程赶回齐国，率先登上了齐国国君的宝座，占领了名义上的制高点之后，他立刻宣布公子纠为乱臣贼子，并且通过一场战争杀掉了公子纠。这个时候，管仲就面临着生死存亡的重大时刻，按照公子小白，也就是后来的齐桓公的本意，是要杀掉这个曾经一箭将他射得满脸是血的管仲的，这个时候，有一个叫鲍叔牙的管仲的朋友，想方设法说服了齐桓公，他恳请齐桓公要任用管仲振兴齐国，成就霸业。齐桓公听了鲍叔牙的话，①但是，还有一个问题，就是管仲当时还在齐国的敌对国鲁国的手里，如果直接向鲁国

---

① 齐用：《齐桓公不计前嫌用管仲》，《人才资源开发》2013年第9期。

索要管仲，说要回去重用他，说不定会使管仲遭遇到不测，又是鲍叔牙通过齐桓公下命令给鲁国，让他们把管仲打入囚车，押回齐国。管仲当时自以为凶多吉少，一路上一直处在巨大的恐惧之中。到了齐国的边界一个叫作绮乌的地方，当地的一位齐国官员并没有把管仲当成阶下囚，反而将他当成座上宾，予以热情款待。这个时候管仲已经知道了齐桓公可能要重用他，临别的时候，这位官员就问管仲，假如您回国之后逢凶化吉了，受到国君的重用，那您将怎样来报答我呢？管仲想了想，说了一番话，大意就是说，我一定要像您那样对于德才兼备的贤人加以赏识并重用。这一番话既是对那个款待他的官员的一种表扬，也是管仲的一种自我期许。后来，人们就从管仲的这段话中提炼出一个成语，这个成语就是"任人唯贤"。[①] 任人唯贤，顾名思义，就是选用人才的时候是要考虑被任用者是不是德才兼备，而不是考虑他和自己有没有什么亲戚或者朋友关系。这个成语背后有一个很有意思的故事，这个故事也留给我们很多宝贵的启示。

---

① 佚名：《党的二十大报告中的成语：任人唯贤》，《中学生阅读（高中版）（下半月）》2023 年第 10 期。

第二节

辨别贤才并不简单，需要克服"路径依赖"

　　"贤"字在古汉语里的最早解释是"财产多的人"，这一点倒是和欧美有些国家曾经长期坚持的做法有些类似——在欧洲和美国曾经在较长时期一直根据财产的多少来决定这个人是否具有选举权。但是，财产这个东西并不能完全说明问题，因为至少有两个方面的漏洞。一种是关于财产的来路，不排除有些人的财产可能是依靠不正当的竞争手段巧取豪夺而得来的，那么拥有这样财产的人可能就不一定符合真正的"贤才"标准，王戎就是一个典型的例证。王戎是魏晋南北朝时期的一个著名的大咖，此人虽然被称为"竹林七贤"之一，他很小的时候就很精明，有一次他和一群小朋友玩儿，看到一棵树上长满了李子，小朋友都争先恐后地去摘，只有他坐着不动，别人问他为什么不去摘李子，他说，李子树长满了那么多的李子但却没有人摘，这就证明这棵树上的李子并不好吃。南北朝时期南朝的刘义庆编写的《世说新语》中专门记载了这个故事，由此可见他很聪明，[①] 长大之后这个人也积累了万贯家财，据说他主要是通过种植果树，具体来说就是通过种植李子树来发家致富的，但是，他并不是先富带后富，而是令人匪夷所思地"恐人得其

[①] 丁久萍：《以"趣"为引古文不"古"——小学文言文文本解读与教学策略研讨》，《名师在线》2024年第4期。

种，恒钻其核"——常常把他们家的杏钻了核而后出售，①这样的人其实是称不上"贤"的！

有钱的另外一种问题可能是，并不是有钱者通过自己的努力奋斗得来的，而是别人给予他的。比如说汉代有一个人叫作邓通，这个人曾经非常有钱，他的钱财是怎么得来的呢？原来他是汉文帝跟前一个非常有名的宠臣，有一次汉文帝得了一种病，长了一种疮，疮化脓流水的时候，这个邓通竟然顾不上恶心，献媚给汉文帝说，听说用舌头来舔疮上的脓汁，就会加速创口的愈合，并且主动去舔疮口上的脓汁。这件事令汉文帝非常感动，说"邓通爱我"，但他此举却令汉文帝的太子也就是后来的汉景帝非常为难，使得后者处于一个两难的尴尬境地，如果跟着邓通学去舔老爸疮口上的脓汁，那会感到严重的生理不适，如果不跟着邓通学，则会给老爸留下一种不孝的印象。所以，汉景帝继位之后，立刻就下令把汉文帝赏赐给邓通的那些财产全部没收，并且责令所有的人都不得给邓通吃的东西，邓通这位曾经拥有万贯家财的亿万富翁因此就活活饿死了！②由于包括但不限于上述情况，人们认为光依靠财产的多少来确

① 马德：《器小》，《中学生阅读（初中版）》2014 年第 14 期。
② 陈德弟：《向〈史记·邓通列传〉问立身之本》，《博览群书》2019 年第 2 期。

定是不是"贤"可能并不靠谱，于是就想出另外一种办法，那就是看相关行为主体品德是否高尚，但是"品德"如果和一定的"功利"联系在一起，也会很麻烦。比如说，在科举制度没有发明之前的两汉时期，是依靠一个人是不是有品德而被举荐做官的，正因为将品德是否具备与能否步入仕途联系在一起，所以当时很多人就钻这个空子，老百姓就此讽刺说，"举孝廉，父别居"。此路又不通！所以到了后来大家就又想出一些新的办法。这些新的办法概括起来说，就是要通过"时间"和"实践"来对一个人进行检验，检验其是不是贤才。这方面的一个典型就是周公，就是孔子顶礼膜拜的那个周公。其实周公其人在当时曾经一度并不像我们今天认为这样伟大、光荣、正确，他曾经一度被他的两个兄弟管叔和蔡叔污蔑想要篡夺天子的宝座！如果没有经过"时间"和"实践"的检验，周公当时就死去的话，那很可能大家就会把一大盆脏水泼在他的头上！好在经过"时间"和"实践"的检验，周公确实被证明是一个品德非常高尚的人，所以白居易才说，"试玉要烧三日满，辨才须待七年期。周公恐惧流言日，王莽谦恭未篡时。向使当初身便死，一生真伪复谁知"。

第三节

> 发现贤才、识别贤才不容易，任用贤才更难，因为要走出相关行为主体的"心理舒适区"。

　　从古到今，"任人唯贤"人人都不反对，至少是都不公开反对，但是真正使用贤才却不是每个人都能做得到的，这可能源于两大障碍，一大障碍就是相关行为主体对自身看得过重的障碍。相关行为主体在发现贤才时之所以并不能使用，甚至有的时候还会嫉贤妒能，加以打击陷害，这其中很重要的原因可能就是相关行为主体认为这些贤才会妨碍到自己。这方面的一个典型的例子是《水浒传》中梁山泊第一任首领白衣秀士王伦。王伦这个人得到"小旋风"柴进的推荐，在梁山泊创立了一番基业，并且手下还有杜迁、宋万、朱贵等，但是，当林冲被逼无奈上梁山的时候，他表面上好像是欢迎，实际上却对林冲处处刁难，还给他布置了几乎是不可能完成的任务！王伦之所以这样不待见林冲，并不是他和林冲以往有什么仇恨，而是因为他觉得林冲是从当时的大城市东京汴梁来的，而且还担任过东京80万禁军教头，又是江湖上有名的"豹子头"，担心自己挟制不住，所以要给他施加障碍。千万不要认为王伦只是一个虚构的历史人物，在真实的历史中，类似"王伦"这样的怀有"武大郎开店"心理的人简直是俯拾即是。我们大家都非常熟悉的岳飞和于谦，都是被那些怀有"武大郎开店"心理的小人们所伤害的！相关行为主体不能使用贤才的另外一个原因是他们不愿意走出自己的"心理舒适区"。"心理舒适区"是一个心理学的概念，指的是相关行为主体由于种种原因在自己的心里"画出"一个区域，这个划定的区域内都是其所熟悉的人或者事，所以，在这个区域内会感到很舒适，而一旦超出这个区域，就会感到紧张和不适！这种情况其实非常好理解，也和我们中国传统社会中的"熟人社会"及"熟人文化"很有关系。古人曾经说，"非我族类，其心必异"，又认为"打虎亲兄弟，上阵父子兵"，只有自己熟悉的人才是安全可靠的，才是贤才。我们不妨想一下，为什么历朝历代的很多皇帝明明知道自己的行为可能并不一定妥当，但是还是要忍不住去任用两类人，这两类人一类是宦官，一类是外戚。之所以要不顾群臣的反对而任用这两类人，究其原因，还是这两类人是生活在相关行为主体的"心理舒适区"之内的，都是和他们朝夕相处的熟悉的人。这方面一个最典型的例子是蜀汉后主刘禅，刘禅其人，他的整个一生可以大致分成三个阶段，第一个阶段就是从他出生一直到诸葛亮去世，这段时间他实际上先后生活在两个"父亲"的庇护之下，第一个父亲是真正的父亲刘备，第二个"父亲"虽然不是亲生父亲，但却是对他有父子之情的丞相诸葛亮。这两个"父亲"都是人杰，都是善于任用各种各样贤才的人。但是刘禅却一点儿也不像这两个"父亲"，尽管后一个"父亲"诸葛亮曾经在《出师表》中屡屡告诫他要"亲贤臣，远小人"，但是诸葛亮刚一去世，他就立刻任用一位名叫黄皓的奸佞小人。黄皓其人原本籍籍无名，之所以得到刘禅的重用，是因为他是一个宦官，整天围在刘禅的身边变着法子讨好刘禅，把刘禅哄得团团转，然后他则打着刘禅的旗号作威作福。熟悉《三国演义》的朋友想必都记得魏将邓艾率领一支奇兵经阴平突入成都，迫使蜀汉帝国灭亡的故事，但可能并不一定都知道早在邓艾率军偷袭之前，当时的蜀汉帝国大将军姜维就曾经向刘禅进言，要遣军守阴平，以防魏军来攻。但却被黄皓假借刘禅的名义予以拒绝，① 所以，《三国志》的作者陈寿曾经就此评论说"皓以黄门令为中常侍、奉车都尉，操弄威柄，终至覆国"。与王伦及刘禅形成鲜明对照的是李世民和曹操。李世民手下有很多人才，这些人才除了他原本的亲信之外，还有一些是他原

---

① 关四平：《论文化魔方中的刘禅》，《求是学刊》1995年第2期。

来并不熟悉，甚至是他的死敌的人！比如说那个魏征，此人原来是李世民的死敌太子李建成的手下，曾经屡次三番献计让李建成除掉李世民，在"玄武门之变"之后，很多人以为李世民肯定而且确定会杀掉魏征，但是他不但没有杀魏征，反而对其加以重用，所以就成就了一段"君臣相得"的千古佳话。与李世民相映成趣的是曹操。看过《三国演义》的朋友想必都记得，那里边有一个叫陈琳的人，官渡之战爆发，陈琳曾经作《为袁绍檄豫州文》，痛骂曹操，当时的曹操看了之后非常恼火，但是俘虏了陈琳之后，他却并没有杀陈琳，反倒对他加以重用！[1]李世民、曹操与王伦、刘禅形成了鲜明的对照！相关行为主体在拥有一定的高位的时候，是否能够做到"任人唯贤"，真的还是那句话，"人之贤不肖，在所自处耳"！就看他们是想成为李世民、曹操，还是想成为王伦或者刘禅！

---

[1] 蔡建军：《宽广心胸纳人才——从曹操爱才说开去》，《学习月刊》2014年第3期。

第六章
天人合一

第一节

"天人合一"
一个在先秦时期因为师徒二人讨论"相对论"而孕育的成语

"天人合一"广义上说也是一个成语，意思是指人与自然相合相应。这个成语虽然其真正定型要一直到北宋时代，具体来说就是在北宋的大哲学家张载的《正蒙》中才第一次完整出现，但它的历史最早却可以追溯到先秦时代，有人说，这是一个在先秦时期因为师徒二人讨论"相对论"而孕育的成语。看到这里，可能有的朋友忍不住就要吐槽了：您有没有搞错呀？据我们所知，"相对论"乃是20世纪初在德国出生、在美国定居的大科学家，诺贝尔奖获得者爱因斯坦提出的，而先秦时期却是在公元前，二者相隔了2000多年，莫不是您是在写什么穿越网文，在写一个穿越者的故事？感谢这位朋友，我很郑重地告诉这位朋友，我绝不是在写网文，而是说的真实的历史，那这是怎么回事儿呢？先秦时期，难道真的就有"相对论"问世了吗？以前我们怎么没有听说过呢？不要着急，且听我一一为您道来。我们不妨先来说说开"讨论会"的这师徒二人，这师徒二人老师是南郭先生，他的学生叫作子游，看到这里，有的朋友可能忍不住又要提问了：南郭先生？莫不是那位"滥竽充数"的南郭先生吗？当然不是，首先，这里所说的"南郭先生"并不是齐国人，而那位滥竽充数的"南郭先生"却是齐国人；其次，二者身份有云泥之别，那位滥竽充数的"南郭先生"，本身处于社会的最底层，为了谋生，所以才迫不得已地去滥竽充数，想到国君那里去骗一碗饭吃，而我们这里所说的"南郭先生"，却是一个贵族，用今天的话说，乃是"御弟"，更重要的是，两个人姓氏并不相同，那位滥竽充数的"南郭先生"，估计就姓"南郭"了。顺便说一下，在中国古代，确实有以地名来做姓氏的先例，比如说，《水浒传》中曾经提到过有一个无恶不作的坏蛋叫作西门庆，"西门"这个姓氏就是根据其祖上所居的地方而得来的，而我们的东邻，一衣带水的日本，在明治维新之前，除了少数贵族有姓氏外，其他的老百姓都没有姓氏，明治维新以后，当时的日本政府要求所有的老百姓都要登记户口，要有姓氏，所以很多人就取了自己居住的地方作为姓氏，比如说，像什么"岸田""松下""小泉""渡边"等都是来自其祖上所居住的地名，[①] 由此可见当时日本对于华夏文明亦步亦趋的仰慕程度。当然这些都是题外话了。看到这里，可能有的朋友忍不住又要问了，您说了半天这位"南郭先

---

① 朱文艳：《日本姓氏趣谈》，《世界文化》2017年第4期。

生",他究竟姓什么呀?他这个姓很奇怪,很多人可能都看到过电视剧《芈月传》,芈月姓芈,这位南郭先生也姓芈,看到这里,如果熟悉那段历史的朋友可能就会明白了,这位"南郭先生"可不简单,因为他是芈月的同宗,具体点说他是芈月的祖先,乃是楚国的皇族,或者叫王族,他是楚昭王的弟弟。他的弟子叫子游。据庄子的《齐物论》记载,有一天,这位"南郭先生"正在那里静坐,他的弟子子游侍立在一旁。过了很长时间,这位"南郭先生"好像连气息都没了,他的弟子就忍不住怀疑他老师是不是"过去"了,于是就上前推醒了他的老师。结果发现他的老师并没有"过去",而是在那里神游天外呢。于是有点儿"起床气"的这位"南郭先生"就忍不住教训起弟子来,在和弟子进行研讨的过程中就提出了一系列在我们今天看来,颇有些类似于后来的"狗拿砖头来打人的"那种"颠倒歌"之类的东西。比如说,我们通常都认为彭祖是寿星,活了将近1000岁,但是这位"南郭先生"却认为彭祖是早夭,而早夭的人却又被他认为是长寿。在这番不乏"庄周是蝴蝶"之类的讨论,其中,有一句话就是,"天地与我并生,而万物与我为一"[1]，很多人都认为这句话就是成语"天人合一"的由来。"天人合一"虽然已经问世了上千年，但至今仍然能够给予我们很多的启示。

---

[1] 张荣明：《"天地与我并生，万物与我为一"——兼谈庄子与帕斯卡尔思想之比较》，《上海师范大学学报（哲学社会科学版）》1987年第4期。

第二节

> 要准确理解"天"的含义,既不能当"秦宓",也不能当"商纣王"

香港武侠小说大师金庸先生有一部名著叫作《侠客行》,这部作品中有一座岛屿叫作"侠客岛",因为每年都要从陆地延请一些武功高超的人前往,但这些人却有去无回,因此给这座处在大海深处的小岛蒙上了一层神秘的色彩。那些前往该岛的人之所以有去无回,并不是因为岛上有什么妖魔鬼怪食人兽,而是因为岛上有一座石头宫殿,墙上用蝌蚪文字雕刻着唐代大诗人李白的《侠客行》。这首诗据说背后隐藏着非常高超的绝世武功,所以凡是来岛上的人往往都不惜穷尽毕生精力,也想要破解这首诗背后所隐藏的武功含义,结果一个个都无功而终。这个故事实际上是为该书主角石破天最后获得绝世武功做铺垫,但也从某种侧面告诉我们,当面临着多种选择的时候,往往会使选择者遇到非常大的困惑,甚至把他们带入歧路,这也就是成语"歧路亡羊"所要告诉人们的道理。"天"这个概念在中国传统文化中也充满了很多种不同的含义,比如说"天凉了""天不早了""人在做天在看",这几句话中的几个"天"虽然写法和读音都是一样的,但是它们的意义却有相当大的不同,如果翻译成外文,可能并不能用同一个外文单词来进行翻译。中国古人对待"天"历来有两种主要的对待方式，一种以商纣王为代表，商纣王其人是有名的暴君，这个人之所以有名，并不仅仅是因为荒淫无道，还因为这个人自以为有绝世武功，他认为世界上的万事万物都不在他的话下，不论是哪个，想要跟他作对，他都要一概用武力剿灭之。据说有一次因为天降大雨，影响了他的田猎，他非常生气，于是就拿来弓箭望着天空狂射，说是想要射死"贼老天"！与商纣王形成鲜明对照的是秦宓，后者乃是三国时代蜀汉帝国的一位有名的文化大咖。《三国志》和《三国演义》中都记载了这样一个故事，说的是有一年，当时东吴帝国派一个名叫张温的名家来蜀汉帝国出使，这个张温想仿效一下诸葛亮当年去他们东吴"舌战群儒"那样羞辱一下蜀汉帝国，他认为自从诸葛亮去世之后，蜀汉帝国已经再没有什么值得一提的人才，所以非常狂妄，很多蜀汉帝国的高官也的确都先后败在他滔滔不绝的雄辩之下，这个时候，秦宓登场了。张温见秦宓似乎七个不服八个不忿的，就向他提了一番与"天"有关的问题，比如说天有没有头，天有没有脚，天有没有耳朵，天有没有声音，天姓什么之类的问题，秦宓都一一做了非常"抖机灵"式的回答，把张温弄得哑口无言。之所以说秦宓做的都是一些具有非常"抖机灵"色彩的回答，是因为他所引用的都是《诗经》中的一些话，比如说，张温问"天有头乎"，秦宓的回答是"有"，引用的是《诗经·大雅·皇矣》中的"乃眷西顾"；再比如说，张温问"天有耳乎"，秦宓的回答是"有"，引用的是《诗经·小雅·鹤鸣》中的"天处高而听卑"；当张温问"天有足乎"，秦宓的回答是"有"，引用的是《诗经·小雅·白华》中的"天步艰难，之子不犹"，如此等等，都具有某种意义上牵强附会的色彩，所以，我们可以欣赏秦宓的机智，但是却不应该像他那样将"天"附会成姓刘，因为当时的蜀汉帝国皇帝姓刘。其实，对待天的正确方式，应当是先秦著名思想家荀子所说的那样，"天行有常，不为尧存，不为桀亡"，就是尊重"天"所代表的自然规律。而且，敬畏自然、保护自然，通过遵循自然规律而从大自然那里获得相应的回报，这才是对"天"的理解的正确打开方式。

第三节

张无忌为什么能够练成绝世神功"乾坤大挪移",而林黛玉却很早就不幸夭折

"天人合一"蕴含着非常丰富的哲理,这些哲理可以写上千言万语,这里笔者只想从两个很多人可能都耳熟能详的故事说起。第一个故事与一个叫张无忌的人有关。读过金庸先生的小说《倚天屠龙记》的朋友想必都还记得,张无忌乃是金庸先生这部作品中的主人公,这个人虽然后来贵为一代武侠宗师,成为赫赫有名的明教教主,甚至明朝开国皇帝朱元璋在那部作品中都曾是他的麾下小弟,但说起来,这个人早年的经历却非常凄惨,可以说是一个苦得不能再苦的苦孩子。他出生在苦寒之地的冰火岛,差一点儿在出生的时候就被金毛狮王谢逊所害,童年以后好不容易回到故土,但他的父母又先后被奸人陷害而不幸含冤离世。童年的张无忌也不幸被贼人掳去,身中一种非常阴毒的武功之毒,要不是他的太师傅张三丰用绝世神功帮他护住心脉,他很可能很小就不幸去世了!少年时代,他也可以说是处处遭遇到凶险,曾经受人陷害而不幸坠入深渊!后来,他又为了救一个童年时的伙伴而不小心落入贼人的圈套,深陷一个地下洞穴之中,在这里,他遇到了明教前辈留下的写在几张羊皮上的绝世神功"乾坤大挪移"功法。这种功法一共分九层,张无忌只练到了第七层,因为自己感到身体极度不适,于

是就不练了，所以没有像那些明教前辈那样因为贪多嚼不烂气血崩溃而死，最后练成了这种绝世神功。张无忌之所以能够练成这种绝世神功就是因为他冥冥之中深合"天道忌满"的"天人合一"理念，用金庸老先生在《倚天屠龙记》里的话说就是"日盈昃，月满亏蚀。地下东南，天高西北，天地尚无完体"。① 其实，在现实生活中，类似张无忌这样的人并不仅仅存在于文学作品当中。清代的曾国藩之所以能够以一介书生出将入相，其中很重要的一个原因可能就在于他时刻深得"天道忌满"的"天人合一"理念的个中三昧，他曾经在写给弟弟曾国荃的家书中写道："平日最好昔人'花未全开月未圆'七字，以为惜福之道、保泰之法莫精于此。"② 曾国藩是这样说的，也是这样做的，所以在他率领的湘军攻下太平天国的首都天京之后，他马上就自己主动上书朝廷请求裁撤湘军，最终成为一代完人！与张无忌、曾国藩等人形成鲜明对照的是林黛玉。林

---

① 王蕤之：《浅谈金庸小说人物的中国哲学精神》，《文化产业》2020年第11期。

② 范亚湘：《曾国藩为何最好"花未全开月未圆"》，《长沙晚报》2022年5月25日。

黛玉是曹雪芹先生不朽名著《红楼梦》里边的主人公之一，此人可以说是有倾国倾城的美貌和思如泉涌的文才，但是却不幸早夭。早夭的原因有很多，其中很重要的一点可能就是她总是想追求完美。而且多愁善感，面对自然界的寒来暑往，往往也感极而悲，比如说树上的花朵因为季节变换而自然陨落，她也感到心里极度悲伤，甚至为此专门写下了有名的葬花词，认为"一年三百六十日，风刀霜剑严相逼"，结果，因为不遵从天道，不理解"天道忌满"的"天人合一"理念的个中三昧，所以，很早就不幸去世了！张无忌和林黛玉虽然都是虚构的文学人物，但是他们一正一反的遭遇，却告诉我们，一定要尊重自然规律，欣赏自然规律，并尽可能从中发现有用的东西，为我们所用，这才是我们今天理解"天人合一"这个成语的正确态度。

第七章 自强不息

第一节 「自强不息」——一个原本是占卜用语后来却被清华大学选为校训的成语

"自强不息"也是一个成语。意思是指"自己不懈地努力向上"。① 有人说，它原本是一个占卜用语，后来却成为被中国顶级的高等院校清华大学选做校训的成语。这是怎么一回事儿呢？话还得从"自强不息"这个成语的出处说起。熟悉的朋友想必都知道，"自强不息"这个成语出自《周易》，是对《周易》"乾卦"的解释。众所周知，《周易》乃是中国古代的"六经"之一，是中国古代的一本哲学著作，当然也有很多人用它来对未来进行预测。所以，从某种意义上说，《周易》也可以被视为是一本占卜用的卦书，而"乾卦"是其中很重要的一个内容，对"乾卦"的解释有两句话，叫作"天行健，君子以自强不息"。这个话实际上就是当时的人根据对天象的观察而对包括自己在内的"君子"所做的一种期许。其实要完整地理解这句话，就不能不提到《周易》的创作者周文王姬昌，创作《周易》的时候，姬昌其实正处在一个非常危险的状态之中，因为不屈服于当时的最高统治者商纣王的淫威，所以他被

---

① 《成语大词典》编委会：《成语大词典》，商务印书馆国际有限公司2013年版，第1456页。

商纣王关了起来,在被关押之地,他创作了《周易》,著名史学家司马迁后来曾经写过一段话,"盖西伯拘而演《周易》;仲尼厄而作《春秋》;屈原放逐,乃赋《离骚》;左丘失明,厥有《国语》",把文王也就是"西伯"在失去人身自由的情况下"拘而演《周易》"作为君子自强不息的一个典型。由此可见,《周易》对"乾卦"的解释,某种意义上也是对周文王就是《周易》创作者一生的一种概括。那么,"自强不息"这个2000多年前问世的成语又怎么会成为清华大学校训的呢?这就不能不从一个人说起,这个人叫作周诒春,曾经当过清华的校长。提起清华的校长,很多人可能都耳熟能详的是那位梅贻琦梅校长,都熟悉他那句话,"所谓大学者,非谓有大楼之谓也,有大师之谓也。"实际上从某种意义上说,作为清华校长的周诒春并不比梅贻琦校长弱,甚至从某种意义上还有可能超过了梅贻琦对清华的贡献。这不是笔者在这里信口开河,而是得到清华官方的认可的。1931年的《清华大学廿年纪年刊》上发文称,"周校长任职4年余,建树极众,历任校长无出其右"。① 由此可见这位周诒春校长对清华的贡献。大家都知道清华大学的前身是中国学生赴美留学预备处，它的成立从某种意义上是彰显了当时的中美关系，以及当时的美国主流话语层对于中国学生的一种心理期许。在八国联军侵入北京，迫使清政府签订了丧权辱国的《辛丑条约》后，美国政府拿出庚子赔款中赔给美国的一部分在中国办了中国学生赴美留学预备处，即清华大学的前身清华学校，清华学校的第二任校长就是这位周诒春先生，在他的任内清华学校从一所留美学校升格为清华大学，在办学的过程中，这位周诒春校长非常重视学生的德、智、体全面发展，正是在他的倡导下，清华大学在当时的国内高等院校中率先开办了体育学科，今天很多人都熟悉清华大学有一个有名的口号叫"每天锻炼一小时，健康工作三十年，幸福生活一辈子"，这个口号其实就源自周诒春校长。周校长也特别重视德育工作，重视学生的全面发展，据一位清华校友回忆，在1917年周诒春赴美访问的时候，曾经在火车上专门接

---

① 吕文浩：《清华学人之六——清华学校的功勋校长周诒春》，《文史精华》1999年第4期。

见他们几位清华毕业的学生，语重心长地告诉他们，国家花了很大的人力、物力、财力来送你们出国，你们学成之后一定要回国，报效祖国，假如你们每个人都回国办一个实业，你们有上百人，就能够帮助国内几千人就业，这也是我们清华学子对国家的一种贡献。① 这个故事从一个侧面生动地说明了周诒春校长对学生的一种期许，那就是要不断通过自身自强不息的努力，报效国家。在担任清华学校校长之后，周诒春就一直考虑给清华拟定一个校训。大家都知道"校训"实际上就是一所学校的教职员工和学生共同遵循的行为准则。清华本身是联通中外的，怎样为清华拟定校训呢？周诒春校长想到要借助外力，这个"外力"就是当时的另外一位名人，这位名人就是梁启超先生，梁启超先生是当时著名的文化大咖和思想大咖，他和他的老师康有为一起发起了"公车上书"，推动了"戊戌变法"，他一直为中华民族的觉醒而努力奔走，在当时的国际、国内有很高的声望。1914年11月15日，周诒春校长将梁启超先生请到清华来做讲演，这次讲演实际上是一个"命题作文"，讲的

---

① 陈劲松：《清华"老校长"周诒春》，《炎黄春秋》2019年第5期。

就是"怎样才能成为君子",梁启超先生在这篇题为《论君子》的演讲中,提到了君子的两个标准行为,一个是"自强不息",一个是"厚德载物",周诒春校长听了梁先生的讲话之后,非常受启发,于是其后不久,就把梁先生所引用的《周易》中的这两句话提炼出来,作为清华大学之一的校训,一直流传至今。[①]"自强不息"不仅可以被用作中国顶级大学的校训,同时也可以给予我们以很多启示。

---

① 李传玺:《周诒春两请梁氏父子》,《群言》2020 年第 12 期。

第二节 "自强"必须抗压，要走出两个不同的"心理舒适区"

自强是一种很宝贵的品质，这种品质之所以宝贵，是因为它比较难以做到，而且即使一时能够做到往往也难以持久。究其原因，是因为要做到自强，相关行为主体就必须具有相当大的可持续的抗压能力，就必须持续不间断地走出两个不同的"心理舒适区"。这里所说的"压力"也好，"心理舒适区"也好，实际上说的是一件事，那就是相关行为主体想要"自强"的话，就应该而且必须不断地和自己"较劲"，也不断地和别人"较劲"，通过让自己不舒服，也让别人不舒服的方式，达到督促自己不断努力，不断壮大的目的。这方面，一个典型的代表是"唐僧"，中国历史上至少有两个"唐僧"，一个是作为文学人物的"唐僧"，一个是作为历史人物的"唐僧"，这两个"唐僧"其实都具有相当大的抗压能力，不但能够突破自己的"心理舒适区"，而且也能够不断突破别人的"心理舒适区"。我们不妨先来看一下第一个"唐僧"，也就是很多人都很熟悉的作为文学人物的"唐僧"，此人乃是中国四大古典文学名著之一的《西游记》中的主人公。作为文学人物的"唐僧"之所以能够取得相当大的成绩，是因为他能够抵抗住各种各样的压力，用《西游记》这部小说中的话说，那就是他到西天取经，经历过九九八十一难，这九九八十一难，实际上就是九九八十一种压力。这些压力主要有两种方式，一种是非常明显的你死我活式的压力，那就是他遇到的绝大部分妖魔鬼怪，都是想通过杀掉他分食他的"唐僧肉"的方式来阻止他前往西天取经，阻止他自强不息。另外一种呢，则是比较柔性地包裹着"糖衣"的方式，比如说像经过西凉女儿国的时候，女儿国的女王要让他留下来，和他结成夫妻，这是一种"糖衣炮弹"。甚至还有来自佛祖身边弟子们的压力，这些压力实际上就是九九八十一难最后的第八十一难，因为没有给那些弟子们一定的"小费"，就取不到真经！他抵抗这每一次压力的过程，都是既走出自己的"心理舒适区"，也突破别人的"心理舒适区"的过程。通过这种不断的抗压，作为文学人物的"唐僧"，最终修成了正果。看到这里，可能有的朋友忍不住会说，您说的再好，这位"唐僧"也只不过是一个虚构的文学人物，言外之意就是真实历史上的"唐僧"并非如此，如果您也这样认为，那我只能遗憾地说，您想错了！作为真实历史人物的"唐僧"，也是一个非常具有抗压能力，能够不断突破自己的"心理舒适区"和别人的"心理舒适区"的一位大咖！真实的唐僧，俗家姓陈，名叫陈祎，他这个人之所以能够在历史上成名，也是因为他能够不断地突破各种各样的压力，不断地顶住各种各样的压力。在笔者看来，他至少突破过三重压力，第一重压力是来自他家世的压力。很多人可能都知道，这位作为历史人物的唐僧，也就是陈祎，乃是真正的名门之后，他的先祖叫作陈寔，乃是东汉末年一位非常有名的文化大咖、思想大咖，此人被称为"善则称君，过则称己"，在东汉末年是著名的清流人物。在当时享有非常高的声誉，而且还留下了很多有名的故事和典故，据相关史料记载，有一次有一个小偷潜入到他们的家里想要偷东西，因为时间还早，那个小偷就趴在了他们家的屋梁上，这个时候陈寔发现了这个小偷，但是他没有让人去捉拿这个小偷，而是把他们家的后代都召集在一起，跟他们讲述了做人的道理，告诉他们一定不要走上偷窃的道路，然后指着房梁上说，房梁上的这位"梁上君子"也应该如此。听了他这番话，那个小偷幡然悔悟，也因此留下了"梁上君子"这个典故。[①] 尽管陈寔距陈祎间隔时间比较遥远，但陈祎的父

---

① 佚名：《陈寔宽恕"梁上君子"》，《月读》2014年第12期。

亲陈惠也是当过"百里侯"的县令的，所以，陈祎想要出家，首先就要顶住来自传统的儒家家族的压力。第二重压力来自传统的儒家文化，在陈祎所生活的隋末唐初，佛家还没有和儒家、道家很好地结合在一起，所以，当时一般的传统知识分子对于来自异邦的佛教往往怀有一种天然的不信任感和不认同感，甚至中唐时期的韩愈，还专门写过文章，对佛教大加诋毁，由此可见，在隋末唐初的时候，想要出家，背弃儒家文化，是要顶着多么大的压力。第三重压力是来自世俗政权的压力，在小说《西游记》中，那位作为文学人物的"唐僧"，他的压力主要来自那些妖魔鬼怪，世俗的政权势力对他则十分友好，不但没有施压，反倒对他给予了很大的支持和帮助，当时的皇帝唐太宗李世民甚至还亲自封他为"御弟"，但是，在真实的历史上，这位真实的"唐僧"想要到西天取经，却由于种种原因受到了当时朝廷的百般阻挠，①这一点在陈祎也就是"唐僧"本人所撰写的《大唐西域记》中有非常生动而详细的记载，这部书详细记载了他是如何九死一生，通过朝廷的层层阻拦，顶住

---

① 蔡铁鹰：《〈西游记〉的前世今生》，《文明》2017年第3期。

压力，前往西天取经的。如果是一般人，面临上述其中的任何一种压力，可能都扛不住，而这位作为真实历史人物的"唐僧"却能够顶住包括但不限于上述这重重压力，耗时将近20年，最终从佛教的发祥地天竺取回了真经，并且成为中国历史上著名的翻译家，著名的跨文化传播使者，而且自己还创立了佛教的一个著名的门派叫作"唯识宗"。无论是作为文学人物的"唐僧"，还是作为历史人物的"唐僧"，他们的经历都告诉我们，"自强"必须要抗压，要不断地走出自己的"心理舒适区"和突破别人的"心理舒适区"。

第三节

> 对于自强不息者来说，方向和努力同样重要，甚至比努力更重要

先秦典籍《战国策》中曾经记载过这样一个故事，一个生在北方的人跟别人说，他想要到南方的楚国去，却坐着一辆车一直往北面走，别人对他说，你这样不行！你不是要去楚国吗？怎么往北面走呢？楚国是在南方啊！那个人答非所问地回答说，我的马好，我的钱多，给我赶车的人技术高！那个提问者对他说，你的钱越多，马越好，赶车人的技术越高，离你要去的楚国就越远啊！这个故事后来被人提炼为一个成语，叫作"南辕北辙"。"南辕北辙"这个成语从一个侧面非常形象地告诉我们：方向比努力更重要！

在这方面，中国古人是既有经验又有教训的。我们不妨来看看两个"自强不息"的典型人物为什么结局截然不同。这两个人物，一个叫作桓温，一个叫作祖逖。桓温生活在东晋，此人的一生，从某种意义上说，可谓是一个孜孜不倦的自强不息者的一生。尤其是在报"国恨家仇"方面，桓温的父亲叫作桓彝，在一场叛乱中被叛军所杀，为了报杀父之仇，年仅15岁的桓温自强不息，通过自己的不懈追踪，最后终于手刃杀父仇人，一杀就是三个，而且是在那个杀父的仇人身边有重兵保护的情况下完成的，桓温此举受到了当时人们的高度肯定。在报

"国恨"方面桓温从某种意义上说也是一个自强不息的典型。在报了杀父之仇之后,桓温开始进入当时的最高统治者的视野,当时的东晋皇帝不仅把南康公主下嫁给他,让他成为驸马,而且还逐渐将他提拔到一个很高的位置,在这个位置上桓温没有沉迷于温柔乡中,而是一直想要率军北伐,收复被异族所占领的中原领土。虽然遭到了当时统治者的暗中牵扯,但是他仍然孜孜不倦地自强不息,多次向朝廷上书,请求批准他率军北伐,收复被外族所占领的中原领土。为此,他先后率军三次北伐,不仅成功地收复了西晋曾经的首都洛阳,而且还一度打到了几朝古都的长安附近,先后灭掉了好几个少数民族建立的异族政权,桓温本人也因此被不断升官,最后甚至几乎接近于被封王。①桓温的一生,无论是在报"家仇"还是报"国恨"方面,可以说都是一个自强不息的典型。与桓温相映成趣的是祖逖。祖逖这个人也是一个非常有名的历史人物,他所生活的时代正好赶上西晋灭亡,为了驱逐那些外族,推翻他们对西晋故土老百姓的残暴统治,祖逖思兹念兹的就是想要让自己尽快强大起来。大家都知道,在中国古代,当时的读书人有很多忌讳。其

---

① 刘芮溪:《东晋屡次北伐为何无功》,《三角洲》2024年第2期。

中之一就是听不得公鸡午夜打鸣，认为这是一种所谓的"恶声"。比如，《淮南子》中就说，"雄鸡夜鸣，库兵动而戎马惊"——公鸡的鸣叫是战事将要发生的征兆。但是祖逖这个人却不是一般的人。在年轻的时候，他每天午夜听到公鸡啼鸣，都对别人说，这不是不好的声音（"此非恶声也"），这是在催促我们赶紧起身来锻炼身体，习练武艺啊。所以每当听到鸡鸣，他立刻起床，不管外边多么寒冷都苦练武功不已，最后留下了"闻鸡起舞"这个典故。[①] 祖逖这个人不仅"闻鸡起舞"非常刻苦，自强不息，而且为了恢复国土，也像桓温一样，想要自强不息地率领军队去收复故土，但是他的境遇却远远比不上桓温，因为桓温娶了公主，而祖逖却没有这样幸运，当时的朝廷不仅对他横加牵扯，而且在他北伐的时候，甚至还让他自筹军饷和武器，在几乎是不可能完成任务的情况下，祖逖却率领自己拉起来的一支民间武装，一路向北，收复了很多故土，他也因此而受到了当时的人和后世人的尊崇。如果仅仅就上述这些方面而论，桓温和祖逖可谓是"双子星座"，但为什么历

---

① 赵丕杰：《使用"闻鸡起舞"不要断章取义、望文生义》，《青年记者》2020年第27期。

史上人们对这二人的评价却不一样，对祖逖人们一致赞誉，著名爱国诗人丘逢甲曾经写诗称赞他"丈夫当为祖豫州，渡江誓报家国仇，中原不使群胡留"。而对于桓温，却褒贬不一，毁誉参半呢？原因有很多，其中很重要的一点可能就是和这两个人自强不息的方向是不是选对了有很大的关系。很多人可能都听说过一句话，叫作"大丈夫不能流芳百世，就要遗臭万年"，这句话的"知识产权"就属于桓温。[1] 桓温不仅是这样说的，而且也是这样做的。在他的晚年，曾经几度想要废黜当时的皇帝而自立，被人视为是一个王莽和曹操似的奸臣式的人物，所以遭到了很多正统派知识分子的鄙视，台湾著名历史学家柏杨曾经评价他说"桓温不能称为枭雄，不过一个较王敦略高一筹的饭桶军阀而已"。而祖逖却不管当时的朝廷如何虐他千百遍，但他却始终对国家如初恋，一直对国家忠心耿耿，所以，不管是当时还是后来，人们对他的评价都是始终予以高度肯定的！桓温与祖逖这对自强不息的"双子星座"的不同境遇非常形象地告诉我们，对于自强不息者来说，光有努力是不够的，还必须选对了方向，方向不对，努力白费！

---

[1] 石丛：《流芳百世与遗臭万年》，《东方少年（阳光阅读）》2002年第1期。

第八章 厚德载物

第一节 "厚德载物"

一个曾经至少被两位大咖引为座右铭并且因之而做出了"惊世骇俗"之举的成语

"厚德载物"也是一个成语,"旧指道德高尚的人能够承担重大的任务,现多指以崇高的道德、博大精深的学识培育学子成材"。[①] 这个成语最早出自《周易》,原文是"地势坤,君子以厚德载物"。有人说,这是一个曾经至少被两位大咖引为座右铭并且因之而做出了"惊世骇俗"之举的成语。这是怎么一回事儿呢?话还得从这两位大咖说起。这两位大咖一位叫作梁启超,一位叫作胡适,我们不妨分别展开,略加介绍。先来看一下梁启超,梁启超是中国近代史上的一位名人,我们在前面的章节中已经对他有所介绍。熟悉清末民初历史的朋友想必都知道,梁启超曾经和他的老师康有为一起推动了戊戌变法,在清末民初时他不仅在政治上有一定的影响力,而且在文学创作和写作方面也影响了不止一代人。开国领袖毛泽东同志就曾经对人说过,他早年就受到过梁启超的写作风格的影响。梁启超这个人一生有很多值得一提的东西,其中最为人所称道的就是他一再倡导的"厚德载物"。他不仅是这样说的、这样写的,

---

[①] 《成语大词典》编委会:《成语大词典》,商务印书馆国际有限公司2013年版,第469页。

而且更是这样做的。1926年3月8日梁启超得了肾病,当时有两种选择,一种是找传统的中医做治疗,另外一种是找西医去做治疗,按照今天人的一般想法,肯定是去找西医,但是当时的西医刚刚传入中国不过几十年,还没有多大的口碑可言,他顶住了家人们的压力,毅然决然地来到了当时北京一所非常有名的教会主办的医院,请当时一位非常有名的外国医生给他动手术,这个外国医生不知道是搭错了哪儿根筋,或者是"盛名之下,其实难副",竟然在动手术的过程中,阴差阳错地将梁启超没有生病的右面的肾错误地当成恶性肿瘤给切掉了,这就是当时轰动一时的"梁启超被西医割错腰子案"。梁启超几年以后也因之而与世长辞。当时很多人都为他抱不平,但梁启超本人却在《晨报》上发文,以德报怨,不但没有追究那名外国医生的责任,反倒给西医说了不少好话。[1]梁启超此举引发了当时很多人的不解,当然也引起了很多人的点赞,他们不由称道,梁先生不仅在写作和讲演中一再提君子要"厚德载物",而且他本人也是这样做的。无独有偶,与梁启超相似的还有另

---

[1] 史飞翔:《梁启超:大师的宽容》,《科学大观园》2012年第7期。

外一位大咖胡适,在20世纪三十年代,胡适是一个非常有名的人物,当时的很多人不管认识不认识他,都常常把"我的朋友胡适之"挂在嘴边,由此可见他的影响力之大,他曾经与陈独秀、鲁迅等人一起发起了一场新文学运动,最后转为新文化运动。他和鲁迅原本是新文化运动中的两员主将,他在北大做教授,鲁迅在北大做讲师(当时北大有规定,不能到北大兼职的校外人员,无论水平多高,都只能一律聘为讲师),二人一开始的时候还是志同道合的好朋友,后来由于种种原因,逐渐分道扬镳。分道扬镳之后,鲁迅充分发挥了他杂文家的嬉笑怒骂的风格,不断写文章批评、嘲笑甚至谩骂胡适,而胡适呢,则始终持一种宽容的态度。据有关学者统计,在鲁迅的文章中,有20处提到了胡适,其中14次有明显的讽刺!1936年鲁迅逝世之后,有一位名叫苏雪林的所谓的"民国才女"跳出来给胡适写信,在信中对鲁迅大加诋毁,称鲁迅是"一个刻毒残酷的刀笔吏,阴险无比、人格卑污又无比的小人",是"玷辱士林之衣冠败类",等等。如果是一般人见了有人这样写信谩骂自己的敌人,肯定会心中暗喜,甚至如果心里阴暗一些的,可能还会怂恿鼓励,但是胡适毕竟不是一般的人,他接到苏雪林的来信之后，立刻回信告诉苏雪林，对鲁迅不能持偏激的态度，鲁迅还是有很多非常可取的地方的！[1] 胡适不仅是这样说的，也是这样做的，鲁迅逝世之后，他鼎力帮助鲁迅的遗孤出版《鲁迅全集》。其实，胡适不仅是对鲁迅如此，对很多人都是持这种"厚德载物"的胸怀，所以1962年他去世的时候，蒋介石亲笔撰写了一副挽联，称赞他是"新文化中旧道德的楷模，旧伦理中新思想的师表"，[2] 当时的台北有38000余人前往殡仪馆向他的遗体告别，有近20万人前往祭吊和路祭送殡，这些实际上都很好地说明了胡适先生"厚德载物"给人留下的深刻印象。梁启超和胡适之这样的大咖以"厚德载物"作为座右铭给我们留下了值得深思的故事，也给我们今天的人以很多的启示。

---

[1] 苏育生：《胡适与苏雪林》，《乌鲁木齐职业大学学报》2014年第1期。
[2] 陈漱渝：《胡适与蒋介石：盖棺难以定论》，《新文学史料》2009年第3期。

第二节 从人见人厌的"小混混"到人见人敬的大英雄，周处的转变说明了什么

周处是中国古代的一个历史名人，他生活在西晋时代，此人早年曾经是一个典型的"问题少年"。虽然不能说是欺男霸女，无恶不作，但至少也是一个横行乡里的"小太保"。由于他的父亲担任过一定的官职，所以当地的人对他的胡作非为也是敢怒而不敢言，只是将他与当地南山的一只吃人猛虎和当地河里的一条伤人的怪鱼一起称为"三害"，为了除掉这"三害"，当地的人绞尽脑汁，想出了一条"借狼驱虎"之计。于是他们就委托一个能言善辩之人去见周处，见了面就对周处来了一番恭维，给他送上了一顶又一顶的高帽，然后对他说，咱们家乡现在有两大害，一是南山里有一只猛虎，二是河里有一条大怪鱼，它们都屡屡伤人，久闻公子您武功高超，侠义助人，所以咱们家乡的父老乡亲一致想请您替民除害！周处这个人非常好面子，听了这个人的这番恭维之后，想都没想就答应了，于是准备好相关武器，然后就先去南山，用了不到一天的时间，杀掉了那只猛虎，然后又来到了河里，去找那条大怪鱼，除掉这条大怪鱼的过程比较复杂，因为河里毕竟不比陆地上，经过了几天几夜的寻找和搏斗，到最后周处才把那条大怪鱼杀掉，这个时候已经离他的家乡有几十里远了。杀掉这条怪鱼之后，

周处满心欢喜地回到老家，想要给当地的老百姓一个惊喜，没想到当地的老百姓却给了他一个"惊喜"，确切地说是有"惊"无喜，为什么这么说呢？因为他回到家乡之后发现当地的老百姓在欢天喜地庆祝除"三害"的伟大胜利。周处听了感到非常奇怪和不解，怎么会是"三害"呢？不是"两害"吗？于是他就拦住一个人问"三害"究竟是指什么？那个人并不认识周处，就告诉他说，一个是南山里边的猛虎，一个是河里的那条大怪鱼，还有一个就是那个名叫周处的人。周处听了如遭雷击，一时愣在那里！他从前从来也没有想到自己在别人的心目中会是这个样子，非常迷茫，想要有心从此改正错误，成为一个好人，但又担心自己年纪大了来不及了，于是就去当地寻找一个有名的大咖，此人名叫陆机，是当地的一个名人。听了周处的一番倾诉之后，陆机语重心长地告诉他说，古人说"朝闻道，昔死可矣"，想要改正错误，永远都不晚！听了陆机的话，周处决定从此痛改前非，以后终其一生时刻都注重修炼自己的品德，最终成长为一个著名的将领，在抵御外族入侵的战斗中因为率领 5000 疲惫之兵抵御 7 万强悍之敌，寡不敌众而壮烈牺牺！①回顾周处的这段历史，从人见人厌的"小混混"到人见人敬的大英雄，周处的转变给予我们很多的启示。首先，每个人并不都是天生就具有"厚德"品质的人。鲁迅先生曾经说过，其实即使天才，在生下来的时候的第一声啼哭，也和平常的儿童的一样，决不会就是一首好诗！②何况普通人！这一点每个人都应该注意并且加以承认，不承认这一点就不是一个唯物主义者！周处的经历告诉我们，他不仅不是一出生就是一个大英雄，而且在早年间还曾经一度为害乡里。其次，周处的经历给予我们的第二点启示就是人有了错误并不可怕，关键是要能够认识到自己的错误。古人说"人贵有自知之明"，实际上还有一句话叫"人难有自知之明"，所以古希腊神庙上才镌刻着"认识你自己"！怎么样才能认识自己的缺点和错误呢？这就要寻找"镜子"，而周处所在地的父老乡亲就是帮助周处发现自己错误的这面"镜子"，正是借助这面"镜子"，周处发现了自己身上的种种不堪之处。再次，周处的成长经历给予我

---

① 高建军：《周处善于改过》，《小学生必读（高年级版）》2020年第9期。
② 鲁迅：《未有天才之前》，《语文新圃》2003年第3期。

们的第三个启示就是告诉我们发现了错误之后，也有几种选择，一种是将错就错地错误下去，另外一种就是痛改前非，周处选择了后者。在痛改前非的过程中，也有一个问题，那就是有些人可能会觉得改正错误为时已晚，但是，周处非常幸运地遇到了陆机，这位著名的"心理咨询师"告诉他，"朝闻道，昔死可矣"！要想改正错误，永远都不晚。最后，周处的成长经历给予我们的第四个启示就是告诉我们"坚持"的重要性，有的人也想改正错误，也想积累自己的品德，但是，往往是"常立志"而不是"立长志"，而周处却选择了后者！而且一直坚持了下去，最后在抵御外族入侵的过程中壮烈殉国！周处上述的这些经历告诉我们，"厚德"说起来容易，做起来却很难，至少要做到：承认自己的平凡，然后能够借助外力发现自己的缺点，并且愿意坚持不懈地改正自己的缺点，积累自己的德行，这样才有可能成为一个像周处那样的"厚德"之人！

第三节 "春秋霸主"的成长经历充分说明了"载物"的重要性

这里所说的"春秋霸主"就是人们通常所说的"春秋五霸","春秋五霸"有两种说法,这两种说法分别对应不同的五个人,一种是指齐桓公、晋文公、秦穆公、宋襄公、楚庄王,另外一种是指齐桓公、晋文公、楚庄王、吴王夫差和越王勾践,不管是哪种说法,有两个人都是上榜的,这两个人,一个是齐桓公,一个是楚庄王。齐桓公这个人原本其实并不出众,只是他的国君父亲齐僖公众多儿子中的一个,而且并非嫡子,也并非长子,但是他后来却能够成为"春秋五霸"的第一霸,这里边的原因当然有很多,其中很重要的一点就在于他重用了一个人,这个人名叫管仲。有人经常拿管仲与诸葛亮相比,这种说法虽然有诸葛亮经常将自己比为管仲和乐毅作为"背书",但是,仔细想起来诸葛亮与刘备的关系却与管仲与齐桓公的关系存有相当大的不同。诸葛亮与刘备的关系,实际上从某种意义上说,在刘备没有"三顾茅庐"之前只不过是一种"路人"的关系,只是因为有了包括但不限于徐庶和司马德超也就是水镜先生等人的不断推荐,刘备才三顾茅庐,最后感动了诸葛亮,做了一篇《隆中对》之后,然后出山辅佐刘备,刘备和诸葛亮从"路人"

发展为君臣，体现的是刘备的"求贤若渴"。[1]其实，在没有遇到刘备之前，诸葛亮和刘备并没有产生任何横向的关系！而管仲与齐桓公一开始时却并不是"路人"的关系，而是"仇人"的关系。为什么这么说呢？因为管仲原本是齐桓公的政敌公子纠的手下谋臣，他不仅帮助自己的主公处处算计当时还不是齐桓公的公子小白，而且在公子小白返回齐国争夺国君宝座的时候，还率领一帮亡命之徒在路上死命狙击还不是齐桓公的公子小白，并且一箭射中了他的头部，差点儿害死了这位公子小白。所以，从这个意义上说，齐桓公与管仲一开始时确实是具有不共戴天的杀身之仇的仇人！回国登上国君宝座之后的公子小白，也就是齐桓公，面对当时的管仲至少有以下几种选择：第一种是快意恩仇，命人把管仲绑来，"推出午门外斩首"；第二种是将管仲视为"路人"，让他自生自灭；第三种是对管仲加以任用；第四种是不但对管仲加以任用，而且加以重用。如果是一般的人，可能也就选择第一种或者第二种，顶多是第三种，但是齐桓公毕竟不是一般的人，他选择的是第四种，放心大胆

---

[1] 巨南：《三顾茅庐：刘备集团与荆州"在野派"结盟的产物》，《文史杂志》2023年第5期。

地任用管仲做自己的第一助手。在管仲的辅佐下，齐桓公"九合诸侯，一匡天下"，成就了一番名垂青史的伟业。孔子曾经称赞管仲说"微管仲，吾其被发左衽矣？"——没有管仲，我们这些人将会被外族同化了！其实，这样说可能并不准确，准确的应该说，"微桓公，吾其被发左衽矣"。为什么这么说呢？因为千里马常有，而伯乐不常有。如果没有齐桓公，管仲充其量也就是一个纸上谈兵的谋臣而已，不会干出什么惊天动地的大事来，不会对华夏民族的可持续发展做出卓越贡献。

　　与齐桓公相映成趣的是楚庄王。楚庄王是楚国的国君，此人早年曾经非常不修边幅，放荡无忌，当时手下的人都劝他要好好振作起来，他给大家讲了一个故事，说有一只大鸟，不鸣则已，一鸣惊人。很明显，他把自己比作那只"大鸟"，他这只"大鸟"是怎样做到一鸣惊人的呢？故事当然有很多，其中有一个很有意思，这个故事说的是，有一次他宴请手下的武将们一起喝酒，当时已经是晚上了，大厅里点着蜡烛，忽然一阵风吹来，把蜡烛吹灭了。这个时候他的一位夫人被一位喝高了的武将给调戏了，那位夫人气不过就一把薅下了那个武将帽子上的冠缨，并且跑到楚庄王身边告了御状，这个时候，楚庄王至少有两种选择，一是马上命人点上蜡烛，找到那个胆大包天的武将，把他推出去斩首，另外一种则是想办法把这件事儿遮掩过去，楚庄王就像当年的齐桓公一样，具有非常宽广的胸怀，于是他做了一个决定，对所有的武将说，先不忙点灯，今天我们做一个游戏，请你们把你们帽子上的冠缨都摘下来，丢在地上，然后再点上灯，这样大家都摘下帽子上的冠缨丢在地下，那个犯了错误的武将就没有暴露。后来有一次楚庄王率领军队与敌人作战，战场情况非常危急，有一个武将冒着生命危险，屡次三番地救楚庄王，楚庄王感到十分不解，就问他为什么这样，那个武将说，我就是当年犯错误的那个人，楚庄王听了感慨万千。[①]这个故事从一个侧面形象地说明了楚庄王为什么能够"不鸣则已，一鸣惊人"，也从一个侧面雄辩地说明了宽广的"载物"情怀非常重要。记得佛教弥勒佛的道场有一副对联，其中有一句叫作"大肚能容，容天下难容之事"，我们可能学不了弥勒佛，但至少要向齐桓公和楚庄王学习，做一个具有宽广胸怀的厚德载物的人！

[①] 午赫：《奇葩的楚庄王"绝缨之宴"》，《文史天地》2023年第11期。

第九章 讲信修睦

第一节 "讲信修睦"——一个被孔子视为理想社会成员所应具有的"核心价值观"的成语

"讲信修睦"广义上说也是一个成语,意思是指不同的行为主体之间要讲究信用,彼此和睦。这个成语出自《礼记·礼运》篇。有人说,这是一个被孔子视为理想社会成员所应具有的"核心价值观"的成语,这话是什么意思呢?话还得从几个故事开始。人们都知道,孔子一生所追求的就是"仁",所谓"孔曰成仁,孟曰取义",说的就是这个意思。什么是"仁"呢?很多人做了很多解释,其中最为大家所熟悉的应当是"克己复礼为仁"。那么什么是"克己复礼"呢?每个人的说法又都不一样,在笔者看来,所谓"克己复礼"实际上就是"讲信修睦",其中的"克己"对应的就是"讲信"。不妨跟各位分享一个故事,这个故事出自《论语》,说的是有一次子贡和孔子在一起讨论怎么样才能够把国家治理好,孔子告诉子贡至少要做到三点:"足食、足兵、民信之矣",翻译成现代汉语大意就是说要让老百姓都有饭吃,要拥有强大的国防力量,每个人都讲诚信。子贡就问孔子,假如不得已要去掉这三项中的一项,应当去掉哪个呢?孔子回答说,"去兵",也就是去掉国防力量,子贡仍然不满足,继续像一个好奇宝宝似的接着问老师,假如仍然迫不得已,还要再去掉一项,请问老师应当去掉哪一项呢？孔子毫不犹豫地回答说，"去食"，子贡听了感觉到很诧异，就以非常不解的口吻问老师，老百姓没有饭吃就会饿死了，为什么要去掉这一项呢？孔子回答说，自古皆有死，民无信不立！意思是说，人活百岁也难逃一死，但是如果失掉了诚信，那就难以在社会上立足！① 这个故事从一个侧面非常形象地说明了"信"（诚信）在孔子心目中的地位。其实，我们也可以把"讲信"理解为"克己"，因为要做到诚信，就要克制自己，甚至自己和自己过不去！这一点古今中外的相关例子可谓俯拾即是：当年齐桓公被一个叫曹沫的人在一个外交场合挟持，签订了一个屈辱的盟约，事后，齐桓公本可以凭借强大的武力不承认这个盟约，杀掉那个曹沫，但是，他却遵守诚信的原则，履行了那个盟约，齐桓公之所以能够成为"春秋五霸"的第一霸，一个很重要的原因就在于他能够"克己"讲究诚信。说完了"讲信"，我们不妨再来看看"修睦"。在笔者看来，"修睦"实际上就是追求"和谐"，从而达到"复礼"的目的。不妨再跟各位分享一个故事，这个故事也出自《论

① 王纳仕：《儒家诚信思想在〈论语〉中体现》，《语文建设》2015年第21期。

语》。故事说的是，有一天孔子的四个学生子路、曾皙、冉有、公西华一起聊天。孔子对他们说，你们不妨跟我谈一谈你们都有什么样的志向，这四个弟子中的子路回答说他有能力去治理一个千乘之国，冉有回答说他有能力去治理一个纵横六七十里或者五六十里的地方，公西华回答说他想去做一个高居庙堂之上的礼宾官，看到曾皙也就是曾点没有回答，孔子就问他说，曾点啊，你的志向是什么啊？曾点当时正在弹奏乐器，听了老师的询问，他放下乐器回答说，我和三位同学不一样。孔子说，没关系，你说说你的志向。曾点回答说，我的志向是在暮春的时候，穿着春季的服装，与五六个成年朋友以及六七个少年朋友，一起到沂水里游泳，在舞雩台上吹风，一路唱着歌儿回来。孔子听了曾点的回答，点点头说"吾与点也"！[1] 很多人可能觉得很奇怪，与子路、曾皙、公西华他们几个人相比，曾点的志向看起来似乎一点也不"高大上"，为什么孔子会说"吾与点也"呢？在笔者看来，孔子之所以会说"吾与点也"

---

[1] 李怡：《破解"吾与点也"之谜——〈论语·先进第十一〉之文化思辨》，《读写月报》2020年19期。

实际上是因为曾点的志向符合孔子所认同的价值观，仔细揣摩，我们不难发现，曾点所说的这段话其核心是"和谐"，首先是人与自我的和谐，就是不要被外界的名利所诱惑，要保持心灵的宁静；其次是人际关系的和谐，能够有五六个成年朋友以及六七个少年朋友一起出去春游，这说明曾点与周围人的人际关系是非常和谐的，而"浴乎沂，风乎舞雩，咏而归"则体现了人与自然的和谐。这三个"和谐"叠加在一起，实际上就是孔子心目中合乎"礼"的行为，所以，我们可以将这场对话视为对如何"复礼"的一个形象化的阐释，这也是孔子心目中"修睦"的一个具象化的表现。这两个在《论语》中非常有名的故事，非常形象地告诉我们，孔子所认同的核心价值观就是要讲"诚信"、"和谐"，所以在《礼记·礼运》篇中谈到理想社会的成员所应具有的核心价值观时，孔子才把"讲信修睦"作为很重要的一点特别提出，通过上面两个有意思又有意义的故事，我们不难发现"讲信修睦"在今天仍是有益的启示。

第二节 "岂有鸩人羊叔子"与"烽火戏诸侯":"讲信"的重要性

所谓"讲信",实际上就是讲诚信。为什么要讲诚信呢?因为诚信可以减少人与人交往中的不确定性判断。这方面中国古人是既有成功的经验,也有失败的教训的。不妨跟读者朋友分享两个故事,故事之一叫作"岂有鸩人羊叔子"。故事的主人公有两个,一个名叫陆抗,一个名叫羊祜。陆抗其人可能有些读者朋友不是很熟悉,但是,有一个叫作陆逊的人,估计很多人应该很熟悉,这个人曾经以火烧连营700里逼退了蜀汉帝国的开国皇帝刘备,使得刘备败走白帝城,最后病死在白帝城。陆抗就是陆逊的儿子,有意思的是陆抗不仅老爹厉害,而且他的儿子也很有名,很多人熟悉的在文学史上很有地位的陆云、陆机都是他的儿子。陆抗曾经率领三国时吴国的大军长期与西晋帝国隔着边境对峙。有一年,他得了一场重病,这个时候,令常人感到不可思议的一件事发生了,那就是和他隔境对峙的敌国的大将羊祜居然给他送来了一服药,请他服用,说是这药很灵,能够很快治好他的病,当时陆抗的手下都一致劝陆抗要谨慎小心,不能也不应服用敌人送来的药,但是陆抗却毫不犹豫地让人把药熬好之后服了下去,在服药之前,他语重心长地说过一句话，叫"岂有鸩人羊叔子乎"？[①]羊叔子之就是羊祜。"鸩"就是饮鸩止渴的"鸩"，也就是"毒药"的意思，这里是当成动词使用，这话的意思就是说，"怎么会有给人下毒的羊祜呢？！"陆抗为什么这么说呢？就是因为羊祜这个人，在陆抗的眼中是一个非常讲究诚信的人，据相关史料记载，他每次和吴国军队作战时，都事先与对方一起商定作战的时间，手下有将领想要搞偷袭，他都将这些人用酒灌醉，他率领西晋军队路过吴国的边境，遇到军粮不足，如果从敌国农田里收割稻谷，每次都要根据收割的数量用绢偿还。他的这些做法，使他的敌人心悦诚服，十分尊重他，不称呼他的名字，而只称呼他为"羊公"。正是以往他包括但不限于上述这些讲究诚信的行为大大降低了敌人对他行为不确定性的预期。

与羊祜和陆抗的肝胆相照形成鲜明对照的是周幽王。很多人可能都听过"狼来了"的寓言故事，其实，"狼来了"这个寓言故事还有一个"真实版"，这个"真实版"的"狼来了"的故事就是由周幽王创造的。周幽王是一个昏君，他这个昏君并不像商代的商纣王或者夏朝的夏桀那样搞什么"酒池肉林"

[①] 夏双刃：《岂有鸩人羊叔子》，《国学》2014年第3期。

"炮烙活人",而主要是因为他干了一件事儿,这件事就是一个真实版的"狼来了"的故事。故事说的是周幽王后宫里有一个女人叫作褒姒,这个女人长得极美但天生不爱笑,为了博得这位美人一笑,周幽王想了无数种办法,最后发现有一个办法可能有效,是什么办法呢?这还得从当时西周王朝的与周边少数民族的关系说起。原来,当时的西周王朝周围还有一些外族,这些外族经常入侵,为了抵御外族侵略,周幽王就和他手下的诸侯建了一套"报警体系",中国古代的"报警体系"当然不像现在有预警飞机、电报、电话,那个时代最先进的"报警体系"就是烽火台,隔三里五里在高处修建一座高台,在台上堆满容易产生烟雾的物质,一旦有紧急状况,就赶紧点燃这些烽火台,一站一站地传下去报警,这是那个时代人们的一大发明。周幽王突然脑洞大开,觉得可以通过点燃烽火台上的烽火,戏弄一下各个诸侯国以便达到博得美人一笑的目的,于是,就命人点燃了烽火台上的烽火,那些诸侯国的国君们看到烽火台点燃了烽火,赶紧点起兵马纷纷赶来勤王,结果赶到了周幽王所在的城楼下,却发现根本没有什么外族入侵,有的只是相声演员马三立老人所说的那句话"逗你玩儿",于是,只能怏怏离去。那位褒姒美人看了这些诸侯急匆匆而来,又败兴而去,不由得展颜一笑，这一笑，周幽王骨头都酥了，然后又接连搞了几次。正像那位放羊娃屡屡以"狼来了"来挑衅村里人对他的信任，到最后狼真的来了，再没有人来救他一样，周幽王因为宠爱自己的小老婆，而想要立小老婆生的儿子为接班人，惹恼了他的王后和他的嫡长子，这两个人纠合了王后的家族，一起勾引外族入侵，攻下了西周王朝的首都镐京，西周王朝因为幽王失信于诸侯也因此而被迫结束，开始了东周也就是"春秋时代"。① 从某种意义上说，周幽王乃是西周王朝的断送者和掘墓人，之所以会断送西周王朝，其中很重要的一个原因就在于他在诸侯面前没有守住诚信的底线！羊祜和周幽王这一正一反的经验与教训告诉我们，讲究诚信可以赢得敌人的信赖，而不讲究诚信，却可以断送国家，使自己身败名裂，家破人亡！所以，我们应当特别注重诚信。

---

① 鹿习健：《"烽火戏诸侯"故事演绎流传考论》，《濮阳职业技术学院学报》2020年第6期。

第三节 "将相和"给我们的启示

有人说，"讲信修睦"这个词组中，"修睦"比"讲信"更重要，至少和"讲信"同样重要，因为"讲信"的目的是使人与人之间互相信任，而"修睦"的目的，是使人与人结成一损俱损一荣俱荣的"命运共同体"，所以，"修睦"比"讲信"更加难以做到，因为"修睦"往往就意味着要让渡自己的某些利益或者权利，做出某种意义上的牺牲。

不妨跟大家分享一个"将相和"的故事。这个故事很多人应该都很熟悉，故事里面涉及两个人，一个叫作廉颇，一个叫作蔺相如。尽管有人说，这个蔺相如实际上并没有担任过相国，但是我们不妨按照传统的说法仍然称这个故事为"将相和"。故事里的蔺相如原本是赵国一个名叫缪贤的宦者令的舍人，他之所以名传千古，是因为他做了两件事，第一件事说的是战国后期赵国第七代君主赵惠文王赵何无意中得到了一件价值连城的宝贝——和氏之璧，这件事很不幸地被秦昭襄王嬴稷知道了，秦国的国君历来有一个传统，那就是用武力掠夺所有他们看得上的东西，所以，本着"我的就是我的，你的也是我的"的原则，马上派人前往赵国，说愿意用十五座城交换和氏璧，赵惠文王很为难，他害怕秦王的承诺只是一个圈套，送去的和氏之璧有可能"肉包子打狗,有去无回",于是就派蔺相如作为使者前往秦国,到了秦国之后,蔺相如发现,秦王真的很流氓!只是拿着和氏之璧反复把玩,甚至交给大小老婆们传看,却并不提交换城池的事情,于是,他假称和氏之璧有瑕疵,请求秦王把和氏之璧还给他,他给秦王指出来,当把这块价值连城的宝玉重新拿到手里的时候,蔺相如立刻以与和氏之璧共存亡相威胁,要求秦王斋戒五天,并且在殿堂上安排九宾大典才可以把和氏之璧再交给他,而暗地里却派随从藏好和氏之璧,从小路把这块宝玉送回了赵国,这是一件九死一生的事情,由于种种原因,秦王没有杀掉蔺相如,从此以后,蔺相如获得了"完璧归赵"不辱使命的美名。蔺相如因为在出访的时候维护了国家的尊严,所以回国之后就被赵国国王封了一个高官,后来又在另外一次外交场合,也就是"渑池会盟"的时候,在秦王先侮辱赵国国君,要赵国国君为他弹奏乐器的情况下,反其道而行之,迫使秦王也为赵国国君演奏了一次乐器,维护了赵国的尊严,所以回国之后就被赵国国君封为上卿,这本来是他理所应得的。但是,赵王此举却惹恼了一个人,这个人不是别人,就是廉颇。廉颇是赵国的名将,有攻城野战之功,见这个蔺相如没有打过一次仗，没有流过一次血，就获得了比他还高的官位，就七个不服八个不忿地声称要给蔺相如好看！蔺相如听说了，每次上朝或者出行的时候，遇见廉颇，都主动避开，不与廉颇争短长，久而久之，蔺相如的手下看不下去了，就问蔺相如为什么这样做，是不是害怕廉颇？蔺相如回答说，我连秦王都不害怕，之所以会主动避让廉颇老将军，是因为大敌当前，我必须和老将军和睦共处，这样才能够共御外侮。廉颇听到了这番解释，觉得蔺相如确实胸怀很开阔，而自己胸襟很狭隘，于是就脱光了上衣，背着一捆带刺儿的柴禾来到蔺相如的住处"负荆请罪"，蔺相如因此和廉颇结成了非常好的朋友，正是因为这二人和睦共处，所以，在相当长的一段时间，即使是强大的秦国也不敢贸然进攻赵国！我们回过头来看这个故事不难发现，为了达到"修睦"的目的，蔺相如和廉颇都分别让渡了一部分自己的权益，就是牺牲了古人非常看重的"面子"。比如说蔺相如出行的时候主动避开廉颇，廉颇上门"负荆请罪"等。

顺便说一下，"修睦"也就是搞好人际关系，有多种目的，最低层次的是当"烂好人",比如说"唾面自干"的故事,[①]而像廉颇和蔺相如这样"修睦"的目的是确保国家的安全,不受外敌的侵略,这才是我们应当学习和倡导的!

① 禾茂:《"唾面自干"的雅量》,《学习月刊》2008年第21期。

第十章 亲仁善邻

第一节 "亲仁善邻"一个因为没有认真践行它而导致相关国家遭受重大灾难的成语

"亲仁善邻"广义上说也是一个成语，意思是指亲近仁者，和善邻邦。这个成语出自《左传》。有人说，这是一个因为没有认真践行它所倡导的理念而导致相关国家招致重大灾难的成语。这话是什么意思呢？话还得从这个"相关国家"说起，这里所说的"相关国家"，指的是春秋时代的陈国。陈国是周武王灭掉商朝之后，寻访传说中的三皇五帝之一的舜帝的后代而分封的一个诸侯国。在西周初年也算是一个数得上的大国，因为这个的国君是侯爵，熟悉当时历史的朋友想必都知道，当时的爵位分成五级，分别是：公、侯、伯、子、男，五级之下，还有属于第六级的"附属国"，像后来统一天下的秦国最初被分封时仅仅是属于第六级的"附属国"。陈国的历史很久，我们这里所说的这个陈国指的是陈桓公担任国君时的陈国，陈桓公是陈国的第12任国君，公元前744年到公元前707年在位。说老实话，陈桓公这个人在历史上并没有留下多少事迹，他最有名的是在一次选择性站队的过程中站错了队，用大家耳熟能详的话说，就是站在了历史错误的一边。这话是什么意思呢？话还得从陈国的邻国卫国说起。卫国也算是一个大国，当时，卫国的国君卫庄公有一个儿子叫作公子州吁，这个公子州吁用今天的话说是一个"麻烦制造者",他本来没有机会接掌卫国政权,但是,本着"没有条件创造条件也要上"的精神,他通过在卫国制造混乱,最后杀掉了他的兄长,自己当上了卫国国君。也有可能是因为得位不正的缘故吧,所以上台之后卫国国内的矛盾比较大,按照一般暴君的常用手法,为了转嫁国内矛盾,他就想方设法在国外寻找敌人,于是就把目标锁定了郑国。自己单独和郑国较劲,又杠不过郑国,于是他就找了几个小国组成了当时的"联合国军",想要对郑国来一次"海湾战争",被他选定的这个几个国家里边就包括了陈国,以及宋国、蔡国等。这次拼凑起来的"联合国军"名不正言不顺,所以最后这次战争只是一场闹剧,虽然是一场闹剧,但是也惹恼了一个人,这个人不是别人,就是当时的郑国国君郑庄公,郑庄公这个人可能很多人不是很熟悉,但是如果读过《左传》的朋友,有可能会记得这本书开篇的第一章《郑伯克段于鄢》,这里面的"郑伯"就是郑庄公。此人在齐桓公、晋文公还没有称霸的时代,是当时的小霸主,所以,面对卫国和陈国等的挑衅,他非常愤怒,缓过劲儿来之后,他就想方设法要报仇。为了报仇他想搞一下合纵连横,决定把主要的打击目标集中在最大的敌人身上，而对于当时作为"胁从者"身份攻打郑国的陈国则想和其修复邦交，于是就派人去见陈桓公，对他说，我们两国不妨摒弃前嫌，面向未来，修复两国的邦交。这个时候，摆在陈桓公的面前至少有两个选项，其一是继续绑在卫国的这条"破船"上和郑国死扛，其二是接过郑庄公递过来的"橄榄枝"就坡下驴。如果是一个正常人，可能就会选择后者，但是，陈桓公他不是一个一般人，他是比较"二"的那个"二"班的人，所以他没有接过郑庄公递来的"橄榄枝"，拒绝了郑国修复邦交的请求，这件事儿传到了当时陈国大臣们的耳中，其中有一个叫作公子佗的人就出面劝说陈桓公，他说，我听说"亲仁善邻是国家的宝贝"，现在有这样一个好的机会，您却放过了，不和郑国修复邦交，我担心我们国家将会遇到麻烦，遇到大麻烦！陈桓公没有听从公子佗的劝说，拒绝了郑国，结果过了不久，郑庄公就率领郑国军队势如破竹地攻打陈国，给陈国造成了重大灾难，最后差一点国破家亡！[①]人们常说，"听人劝，吃饱饭"，陈桓公没有听从公子佗的劝谏，不仅他自己

---

① 季金萍：《"亲仁善邻"：〈左传〉中人的言与行》，《传记文学》2021年第 10 期。

没有吃饱饭，甚至导致他的儿子连饭碗都丢了！细细想来，这个成语确实留给我们很多宝贵的启示。

第二节 管仲临终遗言透露出来的以往常常被人们所忽略的秘密

"亲仁善邻"中的"亲仁"简单地说就是亲近"爱别人的人",因为按照中国古代通行的说法,就是"仁者,爱人也"。但是,"爱人"其实并不像有些人所想象的那么简单,用一句网络流行语来说,"爱人"是个技术活。有些看起来似乎是"爱人"的人有可能还存在着一些人们往往视而不见、习焉不察的问题,不妨跟大家分享一个故事。这个故事说的是,春秋时期著名政治家管仲病危,他所辅佐的"春秋五霸"之一的齐桓公前去探视,在病榻前,管仲对齐桓公说了一番话,这番话可以视为他的临终遗言。熟悉中国历史的朋友想必都知道,在中国古代,著名的政治人物在临终的时候往往都要对身边的人说一些话,这些话可以视为他们的"政治遗嘱",还因此留下很多名言和意味深长的桥段。比如说"勿以善小而不为,勿以恶小而为之",就是刘备临终前留下的名言和遗言;再比如说,春秋时代魏国国相公叔痤临终之前向前去探望他的国君郑重推荐一个叫作公孙鞅的人,见国君不想重用这个公孙鞅,然后他就劝国君杀掉这个公孙鞅——"王若不听用鞅,必杀之,无令出境"。和刘备与公叔痤不同,管仲临终前和齐桓公说的这番话,是告诉齐桓公一定不能重用以下这三个人。这三个人分别是易牙、公子开方和竖刁。管仲为什么在临终之前要郑重其事地对齐桓公说这番话呢？难道他是党同伐异？或者说，这三个人和管仲有私仇？当然不是。为了说明这个问题，我们不妨分别简单介绍一下这三个人的"光辉业绩"，第一个人是易牙，此人又叫狄牙，据说是中国历史上著名的烹饪家，是后来中国烹调界的祖师爷，如果那个时候有国家级大厨评比的话，如果他说第二，估计没有几个人敢说第一。这个人特别善于调味，很善于做菜，西汉学者王充在《论衡·谴告》中说："狄牙之调味也，酸则沃（浇）之以水，淡则加之以咸，水火相变易，故膳无咸淡之失也。"熟悉中国烹饪历史的朋友想必都知道，在先秦时期是没有炒菜的，那个时候做菜主要是炖、煮、蒸等，这个易牙特别擅长做炖菜，就是做各种各样的肉羹，有一次饭后齐桓公意犹未尽地对易牙说，你做的这些肉羹都很好，能不能给我做一道我从来没有吃过的，易牙想了想，两天以后就端来一罐肉羹给齐桓公吃，后者吃了之后，觉得这个味道是以前从来没吃过的，就很惊异地问易牙这是用什么肉做的，易牙回答说，听您前几天说想要吃从来没有吃过的肉羹，我想了一下，觉得只有人肉肉羹可能您从来没有吃过，所以我就把我四岁的儿子杀了，用他的肉给您做了肉羹吃。这件事不管别人怎么看，齐桓公就是认为易牙是真的爱他！再来看看公子开方。公子开方顾名思义，是一个公子，但是这个公子并不是齐国的公子，而是另外一个国家卫国的一位贵族公子，为了他自己的事业，就是辅佐齐桓公吧，他就把生他养他的年迈多病的父母弃之不顾，一连十几年没有回过一次家看望父母！再来说说那个竖刁，此人既不像易牙那样擅长烹调，也不像公子开方那样不顾父母，他最光辉的业绩，就是像金庸金大侠小说中的东方不败"欲练神功，必先自宫"一样，为了侍奉齐桓公，他自己把自己阉割了，成为太监，来到齐桓公的身旁，进行一对一的贴身服务！[1]这三个人齐桓公认为都是特别爱他的人。在齐桓公的眼中，这三个人都是"仁者"，都是爱他的！管仲为什么要齐桓公远离这些人呢？因为在管仲看来，这三个人都不是真正的"仁者"——易牙为了所谓的"爱齐桓公"，不惜杀掉自己的儿子，公子开方为了所谓的"爱齐桓公"竟连十几年不回家看望自己年迈多病的父母，竖刁为了所谓的"爱齐桓公"竟然挥刀阉割

---

[1] 高棕津：《管仲临终荐人才》，《文史天地》2010年第1期。

了自己！这三个人虽然本事不同，姓氏不同，但是有一个共同点，那就是他们所谓的"爱人"都是以伤害自己亲近的人或者伤害自己为代价和前提的，所以，在管仲看来，这样的"爱人"最不可靠！这些人并不是"仁者"，极有可能是"忍者"，为了达到一己私利而残忍地伤害自己亲近的人或者伤害自己！所以，他一再恳请齐桓公一定要远离这几个人！齐桓公当时虽然答应了，但后来却并没有记住管仲的话，结果最后真的死在这三个人的手里！[1]这个故事告诉我们，"亲仁"是个技术活儿，其最正确的打开方式，应该是引进"参照系"，这个"参照系"就是看看相关行为主体能不能做到"老吾老以及人之老，幼吾幼以及人之幼"，正是从这个意义上说，老祖宗才留下一句话叫作"求忠臣必于孝子之家"！很难想象一个连自己的父母甚至自己都不爱的人会不带任何功利地去爱别人！

---

[1] 李沪潞：《齐桓公之死》，《现代班组》2012年第6期。

第三节 明朝永历皇帝朱由榔之死和蜀汉丞相诸葛亮再度与东吴联合带给我们的启示

前面我们曾经提到过，"亲仁善邻"中的"亲仁"是个技术活，而"善邻"也同样并不容易，要做好至少需要两个前提条件，这两个前提条件，一个是"善邻"者本身必须具备一定的实力，这样才能避免"剃头挑子一头热"；另一个启示是"善邻"者所进行的亲善行为，必须应该有一个比"善邻"更高层次的目的或者意义。不妨跟读者分享两个故事。第一个故事和一个叫朱由榔的人有关，朱由榔是南明永历政权的皇帝，此人乃是明世宗朱厚熜的后代，他原本是没有希望登上皇帝宝座的，但是李自成的农民起义军攻破了大明帝国的首都，作为全国性政权的大明王朝灭亡后，朱元璋的后代们在中国南方建立了好几个政权，永历政权就是其中的一个。朱由榔其人在历史上可能并不是一个特别有名的人物，但是，不能不说他所领导下的永历政权至少是在众多的南明政权中坚持时间最长的一个，长达16年之久。之所以能够坚持这么久，原因有很多，在笔者看来，其中很重要的一点可能就在于他做了一个具有战略性的"善邻"选择，就是和与永历政权并立的大西政权进行了战略性的合作。熟悉明朝历史的朋友想必都知道，大西政权的建立者张献忠和大顺政权的建立者李自成都是大明帝国的掘墓人，虽然当时张献忠已经去世了,但是面对张献忠留下的那些部队,也就是过去被大明帝国视为"流贼"的那些农民军,采取什么样的态度,当时的朱由榔从理论上说至少有两个选择,一个是继续本着"官贼不两立"的传统思维方式,坚决拒绝与他们进行合作,一个是打破原来的成见,与他们联合起来,共同抵抗来自异族的入侵。朱由榔不管怎么说,还是选择了后者。也正是因为这一选择使得偏居一隅的永历政权创造了"两蹶名王,天下震动"的奇迹,应当说在这件事情上,朱由榔的"善邻"的选择是正确的。[1] 其实,朱由榔还做了另外一个"善邻"的选择,那就是与当时的缅甸王国进行合作,朱由榔在抗清失败后,率领残部退入当时的缅甸王国,结果被当时的缅甸王国统治者抓了起来,把他交给了大汉奸吴三桂,并且在1662年6月1日,一家25人在昆明篦子坡被吴三桂的部下吴国贵用弓弦勒死。[2] 闻听他的死讯,当时的一位著名诗人曾经写诗悼念说"海角涯山一线斜,从今也不属中华。更无鱼腹捐躯

---

[1] 程楠:《论南明政权的"联衡"政策及其覆亡》,《淮海工学院学报(人文社会科学版)》2017年第4期。

[2] 李旻:《南明末帝殉难昆明》,《紫禁城》2002年第2期。

地，况有龙涎泛海槎。望断关河非汉帜，吹残日月是胡笳。嫦娥老大无归处，独寄银轮哭桂花"。看到这里，可能有人忍不住要问，同样是采取"善邻"的选择，为什么一个成功一个失败呢？这其中的原因有很多，在笔者看来其中很重要的一点可能就在于与张献忠的余部李定国等人进行"善邻"合作时，朱由榔不管怎么说，至少在抗清大义上还是占有一定的优势的，所以这种合作不管后人怎么评价，在当时确实帮助永历政权维持了较长一段时间。但到了穷途末路率领残部退入到缅甸的时候，两手空空，毫无底气，在这种情况下，和具有狼子野心的当时的缅甸王国进行所谓"善邻"式的合作就绝非明智之举！事实也证明，这次合作实际上导致了朱由榔及其全家惨遭不幸！

第二个故事与诸葛亮有关。诸葛亮的故事有很多，我们这里讲的是在后期的蜀汉帝国，诸葛亮主导与东吴再度联合进行"善邻"式外交的故事。这里所说的"后期的蜀汉帝国"指的是蜀汉的开国皇帝刘备死后的蜀汉帝国。大家都知道，刘备是在与东吴大将陆逊作战的时候被后者火烧连营700里，大败亏输，最后退守白帝城，并病死在那里，可以说当时的东吴乃是当时的蜀汉帝国的死敌，在这种情况下，诸葛亮想要与东吴再度联合，开展"善邻"式的合作难度可以想见。要想说服当时的蜀汉帝国君臣，肯定需要一个比"善邻"式合作更高层次的意义和目的，这就是要和东吴联合起来一起对付篡夺了大汉江山的曹魏帝国，以便"兴复汉室，还于旧都"，事实上，诸葛亮也正是用这个理由说服了包括后主刘禅在内的蜀汉帝国君臣！这就验证了我们前面想要说的第二点，就是开展"善邻"活动的时候，要想使合作达成，往往需要一个比合作更高的目的，诸葛亮恰恰是抓住了这个目的或愿景。

第十一章 从善如登

第一节 "从善如登"——一个2000多年前被人通过"大数据"来对孔子一位老师的命运作出预测的成语

"从善如登"也是一个成语，意思是指"跟着学好像登山一样艰难，比喻学好很困难"。[1]这个成语出自《国语·周语上》，有人说这是一个2000多年前被人通过"大数据"来对孔子的一位老师的命运作出预测的成语。看到这里，细心的朋友可能忍不住就要提出疑问说，有没有搞错啊，"大数据"是近几年才出现的一个概念，2000多年前怎么会有什么"大数据"呢？这个问题提的好！2000多年前确实没有今天所说的这个"大数据"的概念，但是倘若我们把"大数据"解读为很多数据和资料的集合的话，那么上面的说法其实也不为过，因为使用这个成语的人，当年确实是尽可能地占有了他那个时代所能够占有的历史资料数据。多到什么程度呢？不妨看几个衡量指标，首先，从时间维度上看，这些数据横跨了将近2000年；其次，从王朝维度上看，这些数据先后横跨了夏朝、商朝和周朝；最后，从所涉及的人物来看，涉及了上述三个王朝的近百个君主，我们不妨看一段这个成语出处的原文，"谚曰：

---

[1] 《成语大词典》编委会：《成语大词典》，商务印书馆国际有限公司2013年版，第229页。

'从善如登，从恶如崩。'昔孔甲乱夏，四世而陨；玄王勤商，十有四世而兴。帝甲乱之，七世而陨。后稷勤周，十有五世而兴，幽王乱之，十有四世矣"。上述原文里边提到了几个人？一个是孔甲，一个是帝甲，一个是周幽王，这三个人姓名不同，所处的时代不同，但是他们有一个共同点就是都是由他们开启了其所在王朝走向崩溃的"阀门"。孔甲是夏朝倒数第四代的君主，帝甲是商朝倒数第七代的君主，周幽王乃是西周王朝最后一代的君主。这些人的另外一个共同点就是都喜欢作恶，所以，"从善如登"这个成语的下一句叫作"从恶若崩"，上述引文还涉及另外两个人，一个是商代的开国君主玄王也就是契，一个是周代的开国君主后稷，他俩虽然所处的时代不同，但有一点是相同的，那就是他们所创立的王朝花费的时间都远远超过了他俩的后代"败家"的时间，所以，我们本章提到的这个成语的使用者才会深有感触地说"从善如登"！用今天的话说，就是"从善"就好比登山一样是非常不容易的，而作恶则像从山上往下滑一样，是很容易的！细心的朋友想必注意到我们上面还说这个成语与孔子一位老师的命运有关，这又是怎么一回事呢？熟悉孔子的朋友想必都知道，孔子曾经有几个老师，除了传说中的拜小儿项橐为师之外，孔子比较靠谱的老师至少有两个，一个叫苌弘，一个叫李耳，后者大家都熟悉，就是《道德经》的作者，被尊为道家学派的开山祖师，那么前者是一个什么样的人呢？这个人是中国古代的著名学者，通晓历数、天文，尤其精通音律乐理，当过周敬王的大臣刘文公所属的卿大夫，为什么说"从善如登"这个成语与孔子老师的命运有关呢？话还得从另外一个人说起，这个人姓姬，名匄，是东周王朝的国君即周敬王。姬匄这个人在中国历史上原本是没有多大作为的，而且他原本也不应该成为东周的国君，因为他并非他父亲的嫡长子，他的父亲是周景王，周景王想把自己的国君位置传给嫡长子姬猛，但是，姬猛有一个兄弟叫姬朝，这个姬朝野心非常大，一心想要从哥哥的手里把国君的位置给抢过来，甚至不惜发动叛乱逼死了自己的兄长，姬匄看不惯姬朝的行为，于是就和一些人纠集在一起，赶走了姬朝，自己登上了国君的宝座，被称为周敬王。当上国君之后，姬匄在苌弘和刘文公等人的支持下扩充自己的势力，包括在瀍水以东的狄泉附近扩建成周城，此事被来自卫国的士大夫彪傒注意到了，后者认为，苌弘此举可能有违天道，因为"天之所支，不可坏也。其所坏，亦不可支也"，用今天的话说就是扩建成周城既劳民伤财，又有可能触犯到诸侯国的利益，于是他深有感触地说"从善如登，从恶如崩"，并且根据前面我们提到的那些"大数据"，做出了一个大胆的预测，说苌弘这个人很可能会因此而遭遇到不幸！因为他所孝忠的周敬王及当时的周王朝实在是做好事很难，做起坏事极其顺溜（"从善如登，从恶如崩"），不值得孝忠！一旦有危机，很可能会抛弃苌弘而自保！不知道是真的预言，还是事后的总结，反正过了不长时间，苌弘就被周敬王当作替罪羊抛出来杀害了。[①] 一条看起来普普通通的成语却与孔子老师的命运产生了关联，"从善如登"确实令人感慨，除了曲折的故事，还留给我们很多启示。

[①] 蔡梦珂：《"王子朝奔楚"事件考辨》，《洛阳考古》2020 年第 1 期。

第二节 "小时了了,大未必佳",秦桧也并不是从一开始就是一个坏人

孔融是孔子的第二十世孙,此人很早的时候就已经很有名气了,据相关史料记载,他四岁的时候,就曾经因为把大个的梨子让给哥哥吃而名垂青史,[1] 启蒙读物《三字经》中的"融四岁,能让梨"说的就是这段历史,十岁左右的时候,他的知名度已经相当高了。这一年,他的家人带领他到东汉的首都洛阳拜访大名士李膺李元礼,本来他是没有机会见到李元礼的,但是他却说自己跟李元礼是世交,李感觉到很奇怪,就把他叫进来说,我并不认识你,我们怎么是世交呢?孔融说,我的祖先孔子和您的祖先老子有师生关系,所以我们从这个意义上说是世交啊。此言一出,在座的各位都为他小小的年纪就能说出这番话而忍不住拍案叫绝,就在一片赞扬声中,刚刚走进来的一个叫陈韪的太中大夫却不以为然的说道,"我听人说,小时了了,大未必佳",这话的意思就是说"小的时候行,长大了却未必行",孔融当时立刻回怼了一句,说"想君小时,必当了了"![2]《世说新语》记载了这段非常有意思的对话,"小

---

[1] 二林:《孔融让梨》,《雪豆月读》2022 年第 32 期。
[2] 郑义广:《"小时了了,大未必佳"是谁说的》,《咬文嚼字》2015 年第 4 期。

时了了"后来也就成了一个歇后语式的成语，这个成语虽然是这个名叫陈韪的太中大夫和孔融的对话，可以说是话赶话说出来的，有可能不无调侃之意，但是，其中也确实包含了一定意义上的哲理。从某种意义上说，也可以视为是对"从善如登"这个成语的一种形象化的阐释，这可绝不仅仅是一个玩笑话，还真有人以他们的亲身经历证明了这一点，不妨跟读者朋友分享一个人生命的不同阶段形成强烈"善"与"恶"强烈反差的故事。这个人姓秦，名桧，字会之，看到这里，想必有朋友已经看出来了，对，他就是南宋时期的那个奸相。此人因为主持了南宋与金朝的议和，并且以"莫须有"的罪名害死了在当时的老百姓心目中享有崇高威望的岳飞岳大将军，所以在青史上留下了非常不好的名声。今天到杭州西湖旅游的朋友想必都去参拜过西湖岳庙，岳庙岳飞的坟墓前用铁铸了四个跪着的人，其中之一就是秦桧，跪像背后有副对联"青山有幸埋忠骨，白铁无辜铸佞臣"。这样坏的名声，使得秦桧的后人受了他很大的牵累，比如说他的曾孙秦钜就是一个著名的民族英雄，在抵抗外族入侵的战斗中以身殉国，[1]哪怕是这样，人们在谈到他

---

[1] 刘杰：《抗金名将秦钜竟是秦桧曾孙》，《现代班组》2016年第12期。

的时候，也不愿意说他是秦桧的后代！更有甚者，到了清朝，曾经一度有规定，姓秦的人不允许参加当时的科举考试，所以有一个名叫秦大士的人，曾经写过一首诗，其中有两句很有名，叫作"人从宋后少名桧，我到坟前愧姓秦"，[1]这两句诗非常形象地说明了秦桧确实非常的不受欢迎，是个地地道道的大恶人。看了这些，可能有朋友忍不住就想当然地认为秦桧这个人一定从生下来就是一个坏得不能再坏的大坏蛋！事实情况果真如此吗？当然不是，秦桧早年曾经写过一首诗，题目是《题范文正公书伯夷颂后》，这首诗是这样的："高贤邈已远，凛凛生气存。韩范不时有，此心谁与论。"从这首诗中我们很难看出当时的秦桧是一个坏人，也许有人会说，秦桧是"言语上的巨人，行动上的矮子"，说一套做一套，实际情况还真不是！据相关史料记载，在靖康元年（1126年）初，秦桧曾经上奏，认为对南犯的金军不宜显示出太怯懦的态度，使自己的力量削弱，其后，他又多次上书给当时的皇帝宋钦宗反对与金国屈辱言和，反对采取金国要什么就给什么的政策，这些

---

[1] 曾昭安：《清代状元秦大士的对联》，《对联》2023年第15期。

都是记载在《宋史》的,[①]应当说,面对外族的屠刀,当时的秦桧还是颇有几分凛然不惧的风骨的,那个时候的秦桧肯定不是一个奸臣,更不是一个恶人,只是到了后来他才变成了今天人们眼中的那个秦桧,对于秦桧的上述变化其实这也很好理解,我们大家都熟悉的另外一个汉奸卖国贼汪精卫在早年的时候也曾经写过一首和秦桧早年写的那首诗类似的作品,那首诗是:"慷慨歌燕市,从容作楚囚。引刀成一块,不负少年头。"而且年轻时的汪精卫,确实还是有几分英雄气概的,在推翻异族封建统治的过程中他还是做了一些有益事情的,后来他成为一个大汉奸,其实也和秦桧后来成为一个"卖国贼"一样,都从一个侧面形象地说明了"从善如登"这个成语的深刻含义,那就是一个人做点儿好事儿并不难,难的是一辈子做好事!

[①] 李晓巧:《秦桧的"道义高地"》,《廉政瞭望》2023年第10期。

第三节 钱谦益与洪承畴留给我们的启示

在中国传统文化中，神仙的位置是高于皇帝的，所以，从千古一帝秦始皇到汉武帝，历朝历代很多统治者往往都一门心思想成为神仙，民间想成为神仙的也特别多，但是，为什么这些人都没有能够达成心愿呢？对此很多人做了不同的解释，著名文学家，《红楼梦》的作者曹雪芹先生在《红楼梦》开篇对这个问题做了形象化的回答，那就是那首非常有名的"好了歌"："世人都晓神仙好，惟有功名忘不了！古今将相在何方？荒冢一堆草没了。世人都晓神仙好，只有金银忘不了！终朝只恨聚无多，及到多时眼闭了。世人都晓神仙好，只有姣妻忘不了！君生日日说恩情，君死又随人去了。世人都晓神仙好，只有儿孙忘不了！痴心父母古来多，孝顺儿孙谁见了？"曹公的这段话用比较直白的话说，就是只想索取，不想舍弃，没有妥善处理好"舍"与"得"之间的关系，所以成神成佛不容易！积德行善虽然是人人都赞同的，做起来其实也非常之难！原因很简单，就是积德行善做好事往往是需要积德行善者舍弃自己的一部分权利，放弃自己的一部分利益的，如果做不到，哪怕你是名声显赫的大人物，也会在历史上留下很不好的名声。不妨跟各位读者朋友分享两个故事，故事之一的主人公叫作钱谦益,钱谦益这个人是明朝末年的一个著名的文化大咖,他首先是一个学霸,参加进士考试的时候得了第三名,也就是榜眼,而且学问也做得很好,被称为学问上的一代宗师,官也当得很大,曾经当过礼部尚书等,但是这个人在中国老百姓的心目中评价却很低,原因当然有很多,其中很重要的一点就在于他在面对外族入侵的时候,没有守住应有的民族气节!其实,钱谦益这个人一开始也并不是想要甘心做汉奸的。据相关史料记载,当年在外族的军队打到他所在城市的时候,他曾经和他的如夫人柳如是两人相约一起投水自尽,自杀殉国。如果这件事真做到了,那么钱谦益肯定在今天人们心目中的地位不是一般的高,不说可以比肩岳飞和文天祥吧,起码不会像现在这样受唾弃!但是,他却没有成为岳飞和文天祥,原因说起来很简单,也很可笑,因为当时正逢秋冬之际,他刚刚跳到水里,马上又赶紧跳上岸来,见别人不解,他煞有介事地说,不是我不想自杀殉国,而是水实在是太凉了!这个非常可笑的理由从一个侧面说明了要想成为一个爱国志士,成为一个行善事的好人,如果不能舍弃掉自己的一些利益,让渡自己的一些权利,那么是很难达成这种目标的!正因为留下了一个"水太凉"的一个笑话，①所以钱谦益虽然投降了清朝，但是清朝的统治者对他也充满鄙夷，乾隆皇帝就曾经专门在上谕中称"钱谦益本一有才无行之人，在前明时身跻膴仕。及本朝定鼎之初率先投顺。大节有亏，实不足齿于人类"。②与钱谦益相映成趣的是洪承畴，洪承畴这个人原本也是很厉害的，虽然他不像钱谦益那样学问做得很大，但是这个人在帮助明朝崇祯皇帝围剿李自成、张献忠等人的农民起义军的时候，还是立下了赫赫战功的，后来在抵御外族入侵的战斗中他不幸兵败被俘，一开始也是想守住民族气节，坚决不投降的。对于洪承畴这种油盐不进的态度，当时的后金统治者皇太极一开始也一筹莫展，但是他却通过一件事发现洪承畴这个人是可以诱降过来的，是一件什么事呢？就是通过观察发现，洪承畴这个人在关押他的牢房里面还一直非常注重自己的仪表，房梁上掉下一点儿灰尘落到他的衣服上，他还要着急忙慌地把它弹掉，所以皇太极就从这个小事推断出洪承畴这个人有些东西是难以割舍的，所以就对他采取了软硬

---

① 刘莹、李冰：《首鼠两端的钱谦益》，《中学生》2007年第18期。
② 杨居让：《钱谦益两截人生的双面性》，《西安文理学院学报（社会科学版）》2005年第2期。

兼施的诱降方式，最后成功地诱降了这位明朝的大学士、督师。① 可笑的是，明朝的崇祯皇帝在洪承畴被俘之后，还以为这位他非常信任的臣子，已经自杀殉国了，所以还曾经专门在首都为他举行了国祭，但是洪承畴那个时候其实已经投降了外族，后来更成为引导外族入侵大明的鹰犬，洪承畴也好，钱谦益也罢，他们的故事从一个侧面形象地说明了"从善如登"确实是非常不容易的，可能正是基于这个理由，蜀汉帝国的开创者先主刘备才对他的儿子后主刘禅留下临终遗嘱说，"勿以善小而不为，勿以恶小而为之"。

---

① 张越：《"无欲则刚"解》，《月读》2015年第3期。

第十二章
先忧后乐

第一节 「先忧后乐」一个出自「违背文学创作规律」却成为千古名篇的成语

"先忧后乐"也是一个成语,"原指事先能劳心焦思,事后便会得到安乐,也指遇事在别人之前担忧,在别人之后享乐"[1],有人说这是一个出自"违背文学创作规律"却成为千古名篇的成语。看到这句话,可能比较较真的读者朋友忍不住就会提出疑问说,您是不是搞错了?违背文学创作规律还能创作出千古名篇来吗?这个问题提得好。但是,笔者也没有说错,这部千古流传的作品就是很多人都耳熟能详的《岳阳楼记》,看到这里可能有的朋友忍不住又会对笔者提出质疑了,说您是不是别有用心,对于我们心目中接近于完人的范仲淹先生也就是《岳阳楼记》的作者来开展人身攻击或者是诋毁啊?当然不是,我想告诉读者我对范仲淹先生没有半分不敬,事实上,笔者曾经在电视台主讲过弘扬范仲淹精神的节目,还出版过专门研究范仲淹先生与书院关系的书籍。说范仲淹先生《岳阳楼记》这篇文章违背文学创作规律,并非笔者胡说八道。我们都知道,《岳阳楼记》属于广义上的"游记类"文学作品,这类文学作品,虽然每个作者所处的时代不同,作者的文风不同,但是往往都需要有一个前提,那就是这些以"记"为题的文章

---

[1] 《成语大词典》编委会:《成语大词典》,商务印书馆国际有限公司 2013 年版,第 1173 页。

成语大"观"——成语中的人生启示

或者这类题材的文章，作者一般都要身临其境，先去所"记"之地去游览一下，然后在此基础上才能写出以"记"为题的文章来，比如说《游褒禅山记》《石钟山记》《醉翁亭记》分别就是宋代的三位著名的文学创作大咖王安石、苏轼、欧阳修亲身游历过褒禅山、石钟山和醉翁亭之后才写出来的文章，并且因此成为千古传诵的名篇。而与王安石、苏轼和欧阳修不同的是，范仲淹先生当年撰写《岳阳楼记》的时候，却没有去过岳阳楼，[①]从这个意义上说，范仲淹先生当年创作这篇文章确实违背了人们通常所说的文学创作规律，那就是必须先深入相关生活，然后在此基础上才能够创作出相关作品。据相关史料记载，范仲淹先生当年撰写《岳阳楼记》的时候并不在岳阳楼，而且此前他也根本没有去过岳阳楼，他是在当时他任职的河南邓州的花洲书院撰写的这篇文章。看到这里，可能有的读者忍不住又会提出一个新的问题，既然违背文艺创作规律，范仲淹先生为什么还能够创作出这篇千古传诵的名篇来呢？这可能就和我们本章所谈论的这个成语有关，因为这篇文章里边有两句话，那就是"先天下之忧而忧，后天下之乐而乐"，这两句话实际上是开辟了中国传统知识分子人生追求的一个新境界。我

---

① 吴彩虹：《岳阳楼二辨》，《江西教育学院学报》2008年第6期。

们都知道，人类所拥有的资源总是相对有限的，在面对相对有限资源的时候，很多自以为高人一等的拥有话语权的知识分子们往往都认为自己拥有对资源的优先配置权，即使是伟大如孟子，也是说"穷则独善其身，达则兼济天下"，并没有将资源配置时的"先忧后乐"视为一种人生境界，作为一种人生追求，而范仲淹先生却在他所处的那个时代，在这篇看起来只是应朋友滕子京请求所写的文章中旗帜鲜明地提出这种观点，并且将其作为自己的人生追求，而且观其一生不仅这样说，而且更是这样做的，所以，这就使得他的这篇初看起来似乎是违背文学创作规律的游记类的文章，一跃成为千古传诵的名篇，人们也从"先天下之忧而忧，后天下之乐而乐"这两句话中提炼出"先忧后乐"这个成语。古人其实也正因如此而觉得这篇文章是千古名篇，如果今天的人们再去游览岳阳楼的话，就会发现那里有晚清著名文学家窦垿撰写的一幅102字的长联，里边对于曾经到过岳阳楼的古人留下的伟绩都一一加以点出，其中"范希文两字关情"说的就是范仲淹的"先忧后乐"精神。[①]"先忧后乐"给我们留下了一个意味深长的文学创作故事，也留给今天我们很多宝贵的启示。

---

① 桂加国：《窦垿岳阳楼对联浅析》，《语文教学与研究》2016年第26期。

第二节

"先忧"中"忧"什么？晋惠帝司马衷的一段看似奇葩的言论留给我们的启示

司马衷是西晋帝国的第二任皇帝。此人据说智商比较低，有人甚至他认为是某种意义上的白痴，他一生留下了很多人看来似乎很奇葩的言论，比如说，有一年西晋帝国全国闹灾荒，老百姓没饭吃，吃不上饭，手下的人把这个情况报告给他之后，他竟然反问手下的人说，"没有饭吃，何不食肉糜？"除了这个奇葩的言论以外，他的另外一段言论也很奇葩。这段言论说的是有一次他在一群太监和宫女的前呼后拥下，在御花园里边游玩，听到了青蛙的叫声，他感觉到很奇怪，不知道这是什么东西在叫，就问左右的人是什么东西在叫，司马衷这个提问其实并不奇葩，因为在中国老百姓的心目中，青蛙这种东西往往都是和普通的升斗小民田家乐联系在一起的，所以南宋的大词人辛弃疾才说，"稻花香里说丰年，听取蛙声一片"。而接下来的话就比较"奇葩"了，且说这个司马衷听了左右的回答之后，接着又问了一句话，"为公乎，为私乎？"[①]意思就是说，这个青蛙叫是为了公呢，还是为了私呢？手下的人一时之间竟然愣住了，没法儿回答。很多人据此就说，司马衷这个

---

① 徐开平：《话说"糊涂皇帝"》，《创造》2004 年第 5 期。

人实在是太白痴了，是个地地道道的傻瓜！司马衷的这个"奇葩"疑问倘若我们从另外一个角度加以解读的话，还是能够给予我们一些启示的，既然连青蛙鸣叫都可以有"为公"还是"为私"之分，那么，"先忧后乐"中的"忧"是不是也可以做进一步的划分呢？当然是可以的，笔者认为，"先忧后乐"中的"忧"至少可以分成是为"小我"之忧，还是为"大我"也就是为民族、为国家、为天下芸芸众生而忧。明代的皇室成员朱载堉曾经写过一首题为《十不足》的诗歌："逐日奔忙只为饥，才得有食又思衣。置下绫罗身上穿，抬头却嫌房屋低。盖了高楼并大厦，床前缺少美貌妻。娇妻美妾都娶下，又虑出门没马骑。将钱买下高头马，马前马后少跟随。家人招下十数个，有钱没势被人欺。一铨铨到知县位，又说官小职位卑。一攀攀到阁老位，每日思想要登基。一朝南面做天子，又想神仙下象棋。洞宾陪他把棋下，又问哪是上天梯？上天梯子未做下，阎王发牌鬼来催。若非此人大限到，上到天上还嫌低。"① 这首诗中的主角就是为"小我"之忧的典型，而

---

① 刘晓莉：《从朱载堉〈十不足〉认识人性的多重性》，《名作欣赏》2014年第15期。

为民族、为国家、为天下芸芸众生而忧的也有很多，他们都是中华民族的优秀分子，不妨跟读者分享其中一位的事迹。此人名叫左宗棠，左宗棠这个人虽然从来没有考中过进士，终生只是个举人，大约相当于后来的大专毕业生，但是，他却认为自己"身无半亩，心怀天下"，也就是说，他如果有什么忧虑的话，那都是为了国家，为了民族而忧虑，左宗棠不仅是这样说的，更是这样做的。这一点集中体现在他收复新疆的举措上。19世纪末，当时的清朝政府可谓是内忧外患频仍，远在西北一隅的今天的新疆，虽然早在乾隆时代，就已经被纳入中华民族统一大家庭的版图，但是由于清朝政府的腐败，新疆当地的分裂分子就和境外的敌对势力勾结在一起，在新疆发动了大规模的叛乱。面对新疆的叛乱，当时国内有两种态度，一种态度以时任北洋大臣，直隶总督李鸿章为代表，认为可以放弃新疆，集中全国的力量确保东南海防；另外一种意见以左宗棠为代表，左宗棠坚持认为，坚决不能放弃新疆，因为新疆不保就无以保蒙古，蒙古不保，则无以保京师，实际上就是坚决主张绝不能把新疆从祖国大家庭中分裂出去。其实，当时的左宗棠完全没有必要这样做，因为连当时的皇帝和皇太后都已经想要放弃新疆了，他干嘛还要费这些口舌和力气呢？而且新疆是不是分裂出去与他左宗棠就个人角度而言，是没有半毛钱关系的！但是左宗棠却坚持认为，必须保住新疆！当时的清朝政府虽然最后看似支持了左宗棠，但是这种支持却并不给力，左宗棠要收复新疆所需的后勤保障一度甚至出现了断绝，原来答应供应给他的一千二百万两银子的军费也因为当时的一个封疆大吏沈葆桢的个人私心而被截留，弄得左宗棠只好自己想办法自筹资金，也要率队前去收复新疆，确保祖国的神圣领土不被外国敌对势力掠夺！当时的左宗棠已经年近七十，他冒着酷暑，率部前去收复新疆，为了表明自己的决心，他甚至让人给他抬着一口棺材随行以示死志，说如果不能收复新疆，那我就宁愿战死沙场，用这口棺材装着我马革裹尸回来！正是在左宗棠这种坚持下，中国军队最后驱逐了外国敌对势力，平定了叛乱，最后使得这块近160万平方公里的土地没有从中国版图分裂出去，这块土地就是今天的新疆。[1]可以说，没有左宗棠当年

---

[1] 张建坤：《爱国主义与斗争精神相结合的典范——左宗棠收复新疆的历史启示》，《求索》2024年第2期。

的"身无半亩,心怀天下",就不会有我们今天美丽富饶的新疆!所以,为民族、为国家、为天下芸芸众生而忧才是"先忧后乐"中的"忧"的正确打开方式,这样的"忧"才令人肃然起敬!

第三节

别人都以为可能痛苦得要死的孟尝君为什么在被罢官之后却感到前所未有的快乐?

中国古代有一句俗话,叫作"小丈夫不可一日无钱,大丈夫不可一日无权",的确,对于一个有志于从政的政治人物来说,丢掉权利可能比丢掉金钱更令其痛苦,这种痛苦有的时候甚至比丢掉性命还难受!但是有一个人有一次却是个例外,这个人不是别人,就是孟尝君。孟尝君其实并不姓孟,而是姓田,名叫田文。他是战国时代的著名"四公子"之一。这个人和其他三位公子春申君、信陵君、平原君最大的不同点就是痛苦从他一出生就开始伴随着他,甚至他的出生本身就被他的父亲视为一个错误,至少他出生的日期被他的父亲视为是一个错误。据相关史料记载,他是在农历的五月初五那天出生的。而在中国古代,在农历五月初五这一天出生的人,往往被认为是要妨害父母生命的,所以他的老爸就特别不喜欢这个儿子,于是就命人将这个刚出生的婴儿扔出去,想要让他自生自灭。幸亏田文的母亲不忍心自己这个骨肉刚一出生就夭折,于是就偷偷把他抱回来养大了。[①] 除了这件事以外,孟尝君本身长得也确实有

---

① 唐中云:《父母请给孩子一个充满安全感的童年——读〈史记·孟尝君列传〉》,《中小学心理健康教育》2018 年第 2 期。

些对不起观众——长得特别矮小。这在讲究以貌取人的中国古代，不能不说是一个天生的缺憾。事实上孟尝君也遭受过很多人的嘲笑甚至非难。他这个人比较好客，用当时的话说，就是比较喜欢"养士"就是收留一些有一技之长的人，即使是"养士"这件事也曾经被1000多年之后的王安石写文章嘲笑，说他不过是一些鸡鸣狗盗之徒的首领而已！当然，和包括但不限于上述这些痛苦相比，对于孟尝君本人来说可能最痛苦的一件事就是有一年他被当时的齐国国王罢了官，朝廷里的官员个个都对他避之唯恐不及，他不得不灰溜溜地回到了自己的老家薛地，在这个地方孟尝君却感到了前所未有的快乐，这是怎么一回事儿呢？话还得从一个叫冯谖的人说起，冯谖这个人，可能很多人通过一篇名叫《冯谖客孟尝君》的文章对他有一些了解，此人出身贫寒，听说孟尝君喜欢养士，于是就前去投奔，孟尝君问他有什么才能，他说没什么才能，孟尝君就把他安排到众多食客里边成为默默无闻的一个。有一天，冯谖突然弹着自己的那把剑，说他自己吃饭的时候没有鱼，孟尝君听了就让人给他每顿饭加了鱼，又过了不久，冯谖又弹着琴慨叹说，出入没有车，孟尝君听了就让人给他配了车，又过了一段儿时间，冯谖又弹着琴说无以养家，孟尝君听了又让人给了他很多钱以便养家，通过这些看起来似乎得寸进尺的要求，冯谖对孟尝君有了进一步的了解，决定帮孟尝君做一件事。有一年孟尝君派冯谖回孟尝君的封地薛地那个地方去收债，临走之前冯谖问孟尝君想买点什么东西回来？孟尝君想了想说，你看我缺什么就帮我买什么吧。冯谖点了点头，到了薛地冯谖就召集所有欠孟尝君债的人，让他们拿着欠债的债条聚集在一起，冯谖对他们说，我们的公子孟尝君特别体恤大家，觉得大家生活得都很不容易，他自己虽然困难，但是还是想节衣缩食地帮助各位父老乡亲，他今天特意委托我来，就是宣布把所有的债务全都取消了，他不要你们还钱了，现在，你们把你们手里的债条都给我吧，我用火把它们都烧了。俗话说，杀人偿命，欠债还钱，那些欠债者听了冯谖的话真是喜出望外，都感觉到特别的高兴！回去之后冯谖向孟尝君汇报了这件事，孟尝君见事已至此，就没有多说什么。[①] 令他没有想到的是他被罢官之后回到老家薛地的时候，突然发现当

---

① 高建军：《冯谖为孟尝君"买仁义"》，《小学生必读（高年级版）》2023年第4期。

地的老百姓对他都感恩戴德，纷纷拜在路边，对他表示热烈欢迎，这极大地慰藉了孟尝君那颗痛苦的心，让他感觉到"人间自有真情在"的这种快乐！细细想来，孟尝君此时的快乐是有前提的，那就是先让别人快乐，或者在别人之后快乐！这里所说的别人就是那些欠他钱的人，冯谖通过烧毁那些欠钱人的欠条，帮助孟尝君做到了一件事，那就是先使其家乡薛地的父老乡亲们快乐，然后在这个基础上孟尝君本人也获得了相应的快乐！这个故事有非常深刻的意义，"先忧后乐"中的"忧"是要在别人之前忧，而"乐"却应该是在别人之后乐，而且这个"乐"一定要超脱相关行为主体自身仅仅是生理上的那种满足和愉悦，而应是建立在利他基础上的那种心情的愉悦，这种"乐"才是"先忧后乐"的正确打开方式！

第十三章
铢积寸累

第一节 "铢积寸累"——一个被大文豪用来在梦中对他的"欢喜冤家"进行讽谏的成语

"铢积寸累"也是一个成语。"形容积少成多，也形容事物、学业等完成得不易。"[①]有人说，这是一个被大文豪用来在梦中对他的"欢喜冤家"进行讽谏的成语。这里所说的这个"大文豪"指的是苏轼苏东坡。苏东坡其人乃是一位著名的历史人物，"其于人，见善称之，如恐不及；见不善斥之，如恐不尽；见义勇于敢为，而不顾其害"。这里所说的苏东坡那位"欢喜冤家"指的是谁呢？我们都知道，在中国古代"欢喜冤家"一般被用来指恋人，但这里指的却并非苏轼的恋人，而是对他既爱又恨的一个人，此人姓赵名顼，乃是北宋帝国第六任皇帝，即北宋帝国的神宗皇帝，说起来有意思，北宋的第二任皇帝宋太宗赵光义通过"烛光斧影"从他的大哥赵匡胤手里夺得了皇帝的宝座之后，他的后代传到了第四代即宋仁宗赵祯的时候却因为后者生下来的三个儿子都夭折了，所以就导致他留下的皇位不得不通过过继别人的后代来传承，宋神宗虽然不是通过过继的方式当上皇帝的，但是他的老爸却是他的名义上的

[①] 《成语大词典》编委会：《成语大词典》，商务印书馆国际有限公司2013年版，第1442页。

爷爷过继来的养子，即宋英宗，宋神宗是宋英宗的长子，此人是一个一言难尽的人物，称赞他的人说他支持王安石变法，批评他的人如明末清初的大学者王夫之则认为"宋政之乱，自神宗始"，他和苏轼其实并没有多大的关系，因为早在嘉祐二年也就是公元1057年苏东坡就考上了进士，那个时候赵顼还和他的老爸赵曙一起韬光养晦呢，当时的许多人可能都听说过苏东坡，但却不一定听说过他，治平四年也就是公元1067年当上皇帝之后他和苏东坡两个人一生也就见过一次面，这次见面苏东坡和宋神宗还算是谈得不错，但是后来二人之间就出现了一些问题，这些问题主要出在宋神宗身上，王夫之认为宋神宗"贻讥于后世者，非有奢淫暴虐之行，唯上之求治也亟，下之言治者已烦尔"。这段话说白了就是宋神宗这个人性子太急，想要一口吃出一个胖子。苏东坡也注意到这个问题，于是就像别人评价他那样"见不善斥之，如恐不尽"，屡次三番地上书给神宗皇帝，说他"求治太速，听言太广，进人太锐"，赵顼这个人自尊心极强，见苏东坡这么不给面子屡屡进言非常恼火，于是就将苏东坡赶出了朝廷，贬官外地，一些苏东坡的政敌见状马上心领神会，对苏东坡展开了一轮围剿。记得有人曾经说过，有宋一朝，"桧"字与大宋帝国相克，比如说，曾经因为一首题目中含有"桧"字的诗差点儿害死了一个大名士，又因为一个人的名字有这个"桧"字，这个人又差点儿害死了大宋朝！当然这是开玩笑了，名字里有"桧"字差点儿害死了大宋朝的那个人是秦桧，题目中含有"桧"字的诗差点儿害死了一个大名士指的就是苏东坡曾经写过一首题目叫《王复秀才所居双桧二首》的诗，因为这首诗中有两句是"根到九泉无曲处，世间惟有蛰龙知"，就被苏东坡的政敌王珪曲解污蔑说苏东坡是想要造反，结果导致苏东坡被关进了乌台，也就是御史台，身陷所谓的"乌台诗案"，[1]差一点丢了性命，多亏众多好心人求情，甚至请出了当时已经退休在家的王安石上书说："安有圣世而杀才士乎？"，才捡回了一条性命！[2]如果是一般人，可能会就此绝不会再对皇帝进行什么劝谏，但苏东坡毕竟是苏东坡，"心灵像天真的小孩"（林语堂语）的苏东坡在屡屡上书没有奏效的情况下，剑走偏锋，想要通过写寓言的方式对神

---

[1] 刘光前：《苏轼一首被严重歪曲过的好诗》，《光明日报》2003年2月12日。
[2] 石宇晴：《"君子之交淡如水"——苏轼与王安石"亦敌亦友"的关系》，《青年文学家》2022年第5期。

宗皇帝"急躁冒进"的缺点进行劝谏，于是，他就挥笔写下了一篇题为《梦中作靴铭》的梦游文章，在这篇文章中他讲到了这样一件事儿，就是梦见有一天晚上神宗皇帝命人把苏东坡叫到皇宫大内，苏东坡发现了有一个小宫女拿着一双靴子，神宗皇帝让他就这双靴子写一篇文章，很显然这是一篇"命题作文"，有意思的是，醒来之后，苏东坡把这篇文章的其他内容全都忘了，但却记得其中几句话："寒女之丝，铢积寸累；天步所临，云蒸雷起。"[1]俗话说，"日有所思，夜有所梦"，这篇看似"梦游"的文章片段实际上隐含了苏东坡一直相对神宗皇帝说的话，那就是"千里之行始于足下""九尺之台，起于累土"，不能也不应急躁冒进！不知道这篇文章宋神宗有没有看到，看到之后有没有看懂，但这篇文章中留下的"铢积寸累"这个成语却确实给予我们很多启示。

---

[1] 侯丽菲：《从〈东坡志林·梦寐〉的梦象探析"梦"对苏轼的意义》，《乐山师范学院学报》2019年第5期。

第二节 "一屋不扫，何以扫天下"带给我们的启示

很多人可能都听说过"一屋不扫，何以扫天下"这句话，但是，却并不是每个人都一定了解这句话背后所隐含的相关内容。很多人可能都想当然地认为这句话和一个叫陈蕃的人有关系，源自这个陈蕃和一个名叫薛勤的一段对话，但实际上这句话从开始酝酿到最后形成，却经历1000多年的时间，可以说是从东汉末年的陈蕃开始酝酿，到了清代一个叫刘蓉的人在一篇题为《习惯说》的文章中才正式最后定型。[1] 关于陈蕃，我们后面还要再比较详尽地展开叙述，这个刘蓉其实也不简单，很多人都很熟悉的太平天国的著名起义将领翼王石达开就是被他抓住杀害的。"一屋不扫，何以扫天下"这句话从陈蕃开始，一直到刘蓉所在的清代中晚期才最后定型，这看起来似乎有点令人匪夷所思，但其实在中国历史上，由一个人先奠定相关的基础，其他人对已有的内容加以提炼，最后将其提炼成一句大家都耳熟能详的话，这样的例子并非仅此一例，很多人都很熟悉的"天下兴亡，匹夫有责"这句话很多人都以为是明末清初

---

[1] 刘蓉原文是"一室之不治，何以天下家国为？"，详细请参见卢廷顺：《习之中人甚矣哉——刘蓉〈习惯说〉赏读》，原载于《湖北招生考试》2011年第20期。

成语大"观"——成语中的人生启示

的著名思想家顾炎武说的，实际上顾炎武当时说的原话是"保国者，其君其臣，肉食者谋之；保天下者，匹夫之贱与有责焉耳矣"，而一直到了清末民初的时候，著名的思想家、文学家梁启超先生才将这句话提炼成"天下兴亡，匹夫有责"，[①]所以，如果我们简单地将"一屋不扫，何以扫天下"与陈蕃和薛勤联系在一起，那就错了，我们不妨看一下原文"蕃曰：'大丈夫处世，当扫除天下，安事一室乎？'勤知其有清世志，甚奇之"。从这段出自《后汉书》的原文我们不难看出，薛勤不仅没有说过"一屋不扫，何以扫天下"，而且还公然对陈蕃的"一屋不扫"就去"扫天下"表示了赞赏，但形势比人强，陈蕃的一生尤其是他最后的结局却印证了"一屋不扫，何以扫天下"的无比正确。事实上，那位陈蕃先生正是因为没有注重"扫一屋"，而只是想"扫天下"，所以到最后可以说就死在了不注重细节的这件事上。熟悉东汉历史的朋友想必都知道，陈蕃这个人是东汉末年一个非常有名的文化大咖，此人和当时

[①] 王进：《顾炎武"亡国"与"亡天下"本义考论——从梁启超"天下兴亡，匹夫有责"一语谈起》，《海南大学学报（人文社会科学版）》2017年第1期。

的另外一位名士李膺李元礼齐名，当时流传两句话，叫"天下模楷李元礼，不畏强御陈仲举"，李元礼就是李膺，陈仲举就是陈蕃，陈蕃这个人和李元礼最大的不同就是他这个人特别抗上，用今天的话说就是"杠精"，而且他"杠"的还不是一般的人，而是皇帝，但凡是当时的皇帝做一件事，他都要评头品足，把皇帝弄得非常的不高兴，所以曾经一度把他从中央赶到地方，贬到一个名叫豫章的地方去做太守，豫章这个地方就是今天的江西省南昌市，很多人都耳熟能详的"初唐四杰"之一的王勃撰写的那篇有名的《滕王阁序》里边有一句话叫作"徐孺下陈蕃之榻"说的就是这一时期陈蕃在南昌的一段经历。从南昌回来之后他继续与皇帝作对，到了最后竟然和一位外戚出身的大将军窦武一起想要灭掉皇帝身边的那些在他看来属于奸臣的宦官，结果因为事机不密。窦武被杀，而陈蕃竟然带着手下七八十个手无缚鸡之力的书生冲到皇宫大内，想要去诛杀那些武装到牙齿的宦官们，结果反倒被宦官们所杀。对于这件事，以往的人们往往都是从陈蕃代表正义的一方反抗邪恶势力来加以传播的，但是在笔者看来，其实这件事从一个侧面能够印证，陈蕃这个人确实不注重细节，没有想到仅凭那七八十个手无缚鸡之力的书生，就能到皇宫大内里皇帝身边去杀人，所以，这件事情确实印证了"一屋不扫，何以扫天下"的无比正确！正是从这个意义上说，南宋学者徐钧才写诗咏叹说"身居一室尚凝尘，天下如何扫得清。须信修齐可平治，绝怜志大竟无成"。

第三节 被称为"比贼还笨"的曾国藩为什么能够干出惊天动地的大事来

曾国藩是清代一个著名历史人物，此人出生于一个农民家庭，乃是清代第一个以文人的身份而被封武侯的人，他一生干了很多大事儿，不仅挽救了当时即将崩溃的清帝国，而且从某种意义上也使得中华传统文化避免了一次被"四不像"的文化夭折、变形的厄运。唯其如此，他受到了当时乃至其后很多著名历史人物的肯定。一向对人不服气的左宗棠也在他去世之后。写下了一副非常到位的挽联称赞他"知人之明，谋国之忠"，在中国近代史上不仅国民党的最高领导人蒋介石对他心服口服，而且，身为共产党最高领袖的毛泽东同志，在其早年也曾经在文章中对曾国藩大加赞赏。[①] 看了这些，如果不熟悉曾国藩的人，肯定会认为，他一定是所谓的"天纵英明"，出生的第一声啼哭可能都是一首诗。但这种想法其实是错误的，著名学者张宏杰先生在《曾国藩传》中提到过一件事，说的是曾国藩少年时比较笨，据说有一天他待在房间里边想要把一篇很多人都能够轻易背诵的文章《岳阳楼记》背诵下来，结果从

---

① 李乔：《"以乡谊结朋党"——蒋介石对曾国藩的一点继承》，《领导文萃》2005 年第 8 期。

傍晚掌灯的时候开始，一直到第二天天亮时，仍然没有背下来。好巧不巧的是，这天晚上有一个小偷也就是人们通常所说的"梁上君子"，偷偷地潜入他们家，想要偷点儿东西，这个小偷一不小心，就潜入到了曾国藩所在房间的屋梁上，他左等右等，想等曾国藩把这篇文章背下来之后再跳下来偷东西，结果一直没有等到机会，最后实在等得不耐烦了，就从房梁上跳下来，到了曾国藩面前，抢过他那本书，流畅的把《岳阳楼记》给背了下来，然后以一种非常不屑的语气对他说，见过笨的，没见过你这么笨的，连我这样的贼都不如，还想考进士，做梦去吧！[1]这个故事可能不无夸张的成分，但是确实是和曾国藩以及他们家的遗传基因有一定的关系。我们都知道曾国藩的父亲叫作曾麟书，他17次县试，才考中秀才，而且一辈子也从来没有中过举，更不用说考上进士了！[2]曾国藩早年也确实并不聪明。但是，曾国藩虽然不聪明，但是却有一个特点，这个特点就是特别有韧劲儿，特别能吃苦，特别能坚持。这一点体现

---

[1] 张宏杰：《曾国藩传》，民主与建设出版社2019年版，第8页。
[2] 徐弈：《曾国藩父亲——一位乡村秀才的教子经》，《中国人大》2017年第11期。

在他后来率领湘军与太平军作战时所倡导的两句话，叫作"结硬寨，打呆仗"，这两句话实际上都是强调不要投机取巧，老老实实地一点一滴去做才能够有所收获。事实上，曾国藩也确实是这样做的。他在从政的那些年里一直都是特别强调要注重做好日常小事，一点一滴坚持积累，积小成以渐大成。中国近代著名思想家梁启超先生在谈到曾国藩的时候，有一段非常中肯的评论，"文正固非有超群绝伦之天才，在并时诸贤杰中，称最钝拙；其所遭值事会，亦终生在指逆之中；然乃立德、立功、立言三不朽，所成就震古烁今而莫与京者，其一生得力在立志自拔于流俗，而困而知，而勉而行，历百千艰阻而不挫屈，不求近效，铢积寸累，受之以虚，将之以勤，植之以刚，贞之以恒，帅之以诚，勇猛精进，坚苦卓绝。吾以为曾文正公今而犹壮年，中国必由其手获救"。这个评论中就提到了我们本章提到的这个成语"铢积寸累"，曾国藩一生的实践充分证明，一个人可以不聪明，但是如果想要成功却不能不坚持，不能不从一点一滴做起。其实，岂止是曾国藩，中国历史上一些有名的人物，他们的成功往往都离不开铢积寸累，《南村辍耕录》是一部很有名的历史著作，这部著作的作者陶宗仪写作这部书的时候，实际上是每天在耕地之余，就把一些想到的东西随手写在一片树叶上，然后投到一个缸里，等到积累了很多年，最后形成了这部皇皇巨著。[①]唐代著名诗人李贺，很多人都觉得他是一个"鬼才"，以为他出口成章，其实他也特别注重日常的创作积累，据相关史料记载，他每次外出的时候，都骑着一头小毛驴儿，让他的一个仆人背着一个小口袋，每当有所感悟想到什么妙词佳句时候，就赶紧写下来，放到口袋里，久而久之创作出来很多脍炙人口流传至今的名句。包括但不限于曾国藩、陶宗仪、李贺等人在内的这些故事都告诉我们，铢积寸累是非常必要的。

[①] 高建国：《〈辍耕录〉的两个问题——摘叶著书与抄录他书》，《元史及民族与边疆研究集刊》2014 年第 1 期。

第十四章 行胜于言

第一节 "行胜于言"
一个因为一个特殊群体给清华大学送礼而在20世纪20年代新鲜出炉的成语

"行胜于言"广义上说也是一个成语,意思是指行动比言语更重要。与其他很多成语相比,这个成语历史相对较短,有人说它是"一个因为一个特殊群体给清华大学送礼而在二十世纪二十年代新鲜出炉的成语"。看到上边这句话,可能有些人会忍不住提出一个问题:那个特殊的群体是些什么人?为什么要给清华大学送礼?难道他们是要想给自己或者给自己的子女争取一个上清华大学的机会吗?如果您要这样想,那么,很遗憾,您想错了!因为这个特殊的群体,他们本身就是清华大学在读的学生,确切地说,是清华大学即将毕业的学生,在毕业前夕,他们决定要给母校送一份礼物。即将毕业的学生给在读学校赠送一份礼物,这是一件雅事。此前已经在清华大学就读的学生做过,之后也有人做过,这一届也就是清华大学1920届的毕业生,他们给母校清华大学赠送的这个礼物非常特殊,因为它是一个日晷。[1]熟悉中国古代历史的朋友想必都知道,日晷是中国古代的一个计时工具,之所以说它特殊是因为在笔者

---

[1] 张静妹:《清华大学修复被刻字日晷真品已经被校史馆收藏》,《北京晨报》2017年8月19日。

看来，它是一个充满阐释张力的器物，由清华大学1920届毕业生这个特殊的群体用来作为礼物献给母校，它是有深刻含义的。大家都知道，日晷这个工具之所以能够计时，是因为离不开太阳的光辉普照，倘若离开太阳的普照，这种石制的计时工具充其量只是一个艺术品，起不到什么计时的作用。在这群清华大学毕业生的心目中，母校，特别是母校的老师就好比天上的太阳，一直用光和热来照亮他们，指引他们毅然前行。很多人都知道清华大学是中国一所非常优秀的高等学府，这所学校之所以优秀，并不在于其校园有多大，里面的建筑有多恢宏，而在于这所学校有很多有名的老师和有名的学生，用他们的老校长梅贻琦先生的话说，"所谓大学者，非谓有大楼之谓也，有大师之谓也"。其实，清华大学之所以有名，除了因为其有著名的大师之外，还因为这些大师培养出了很多后来的大师级的学生，赠送这个日晷做礼物给母校的1920届的清华毕业学生中就出现了很多大师级的人物，比如说经济学界的陈岱孙，化学界的曾昭抡，植物学界的张景钺，政治学界的萧公权等，这些学生和他们的老师就好比地上的"日晷"与天上的太阳一样相得益彰。《论语》有一句话"天何言哉？四时行焉，百物生焉",可能是为了方便后来者更好地"解码",所以这群清华学子特意在送给母校的日晷下方基座上刻上了四个字"行胜于言"。包括但不限于上述这些,不仅给我们留下了一个美丽的故事,也给我们留下了很多启示。

第二节

同样性质的言语，为什么人们相信商鞅而不相信齐襄公

顾名思义，所谓承诺就是说话者对于相关人员许下的诺言。关于承诺至少有两个相关的成语，一个叫作"徙木立信"，一个叫作"瓜熟而代"，前者与一个叫商鞅的人有关，商鞅这个人其实并不姓商，他原本姓公孙，叫作公孙鞅，而且也不是有些人主观想象的秦国人，而是卫国人。熟悉三国历史的朋友，想必可能还都记得，有人评价曹操是"治世之能臣，乱世之奸雄"，公孙鞅这个人是不是"乱世之奸雄"我们不知道，但是至少在一个名叫公孙痤的人心目中，那绝对是妥妥的"治世之能臣"，可惜的是，这位似乎可以称得上是"伯乐"的公孙痤是在即将辞别人世，向前来看望他的卫国国君说公孙鞅是"治世之能臣"的，更不幸的是，那位卫国国君以为公孙痤说这话的时候已经神志不清，所以，根本没有把他对公孙鞅的评价当成一回事，人们常说，此处不留爷，自有留爷处！对于当时还叫公孙鞅的商鞅来说，那就是不仅是"此处不留爷，自有留爷处"，而且是"处处不留爷，人去做'法务'"了！眼看在卫国出头无望，公孙鞅就一路向西到了秦国，经过几番托关系努力，终于获得了参与秦国变法制度设计的设计权，但是他定好规矩之后却发现他说的话别人并不相信！这其实也可以理解，人们凭什么相信一个外来者，又是一个嘴上没毛的年轻人呢？没有办法，当时还叫公孙鞅的商鞅派人在秦国都城的南门边放

了一根大木头，同时张贴榜文，说谁要是能把这根大木头从南门扛到北门，就给谁50两黄金，一开始，人们都有些怀疑，搞不清这究竟是天上掉下来的馅饼还是陷阱，但总有胆大的，当一个好事者将这根大木头从城南搬到城北后，当时还叫公孙鞅的商鞅马上派人给了这个人50两黄金，[①]太史公司马迁在《史记》中记载了这个故事，并且给我们留下了"徙木立信"这个成语。与这个成语形成鲜明对照的是另外一个成语"瓜熟而代"，这个成语和一个叫诸儿的人有关。这个诸儿不是一般人，乃是齐国的第十四代国君齐襄公。这个故事说的是有一年夏天，齐襄公派两个手下，要他们到贫困边关去戍守，那两个人觉得那个鸟不拉屎的地方苦哈哈的，但既然老大发话了，只好不情不愿地准备出发，出发之前就问齐襄公，您什么时候准许我们回来啊？当时齐襄公正在吃着瓜，于是就顺口说了一句，等到明年瓜熟的时候你们就可以回来了。转眼到了第二年的瓜熟季节，那帮被打发到贫困地区戍守边关的军人等得花都谢了，瓜都烂了，也没有等到齐襄公叫他们回去的命令，于是感到非常愤怒！二十一世纪互联网上有个词语叫作"吃瓜群众"，指的是不承担任何责任的旁观者。齐襄公那个时代没有这个词，齐襄公也

---

① 任利伟：《商鞅与徙木立信》，《前线》2019年第7期。

成语大『观』——成语中的人生启示

不知道什么叫作互联网，但是他却是妥妥的"吃瓜群众"，不，是"吃瓜国君"，他以为自己说的话完全可以不负责任，结果那帮丘八左等右等也没有等来调他们回去的命令，于是就在一个叫作公孙无知的人的怂恿下，杀回了京城，一怒之下，将那个"吃瓜群众"，不，是"吃瓜国君"给杀了。[1]这个故事被著名历史学家左丘明先生记录在其名著《左传》里，从此给我们留下了"瓜熟而代"这个成语。看到这两个成语，喜欢思考并且愿意提出问题的读者可能忍不住就要提问了，同样是承诺的言语，为什么秦国的老百姓选择相信商鞅，而齐国的那些军人却不相信齐襄公呢？难道是当时还叫"公孙鞅"的商鞅的名字比齐襄公的名字"诸儿"好，还是当时还叫"公孙鞅"的商鞅许下的诺言比齐襄公的漂亮？当然都不是，人们之所以选择相信当时还叫"公孙鞅"的商鞅而不是齐襄公，实在是因为或者说，仅仅是因为当时还叫"公孙鞅"的商鞅言而有信，说到就做到了，而齐襄公作为一个"吃瓜国君"，却食言而肥，说到没有做到！这两个成语一正一反，给我们留下了一个宝贵的启示，那就是行动比言语更重要，尤其是在兑现相关承诺的时候！

---

[1] 秦德君：《"及瓜而代"与信誉度》，《决策》2018年第6期。

第三节 两个原本受人尊敬的大咖为什么会被钉在历史的耻辱柱上

"大咖"是近些年才流行的一个词语，和中国古代经常说的"名士"差不多，这些人往往在特定的时间受到当时的人们尊敬，但是在中国历史上却有两个原本被人看好、受人尊敬的大咖却被钉在了历史的耻辱柱上，这是怎么一回事呢？且容笔者一一为您道来。首先我们看第一位大咖，此人姓赵名括，准确地说，他应该是姓秦始皇那个嬴政的嬴，名括，赵氏。说起来这个人可不是一般人，而是妥妥的将门之子，他的老爸叫作赵奢，是赵国一个非常有名的将领，他的老爸非常厉害，厉害到什么程度呢，就是公元前270年秦军派重兵围困赵国一个名叫阏与（今山西和顺）的地方，当时的赵国国君命人找来了享有盛名的廉颇，问他是不是可以率领军队兵去攻打秦军解阏与之围，廉颇连连回答不能，而赵括的这位原本只是一个"税务局局长"（当时叫作"田部吏"）的老爸赵奢却用"一窝老鼠里谁勇敢谁才能够生存下来"（原文是"其道远险狭，譬之犹两鼠于穴中，将勇者胜"）做比方，来向赵国国君请示，允许他率军出征，鉴于此前他干的是相当于后世"税务局局长"的那个工作，所以让他去当这个统军的将领，赵国的国君心里边还真的是没有什么底儿，但是，后来这位赵奢却用自己的行动告诉了赵国国君，什么叫作真正的统帅，他率领赵国军队经过周密的准备之后，一举打败了当时号称无敌于天下的秦国军队，他本人也因功被封为马服君。作为赵奢的儿子，赵括应当说在谈论起军事方面的问题时，那是滔滔不绝，头头是道，所以当时的人们都认为他完美地继承了乃父的优良基因，所以当公元前260年秦国军队再一次入侵赵国的时候，赵国国君就想委派赵括作为统帅，去统帅赵国军队抵御秦国的进攻，这位赵括也毫不犹豫地接受了这个任命，而且还得意扬扬地四处炫耀，但结果却大出人们的意料，让人们大跌眼镜！在这位当时人眼中妥妥的大咖赵括的率领下，赵国的几十万军队被围困在一个叫长平的地方，最后全军覆没，数十万赵国军队被秦将白起命人就地屠杀，赵括也在突围中被射死！[1]无独有偶，与赵括相映成趣的是另外一位大咖，此人姓马名谡，也是三国时期一个很有名的名士，和他的哥哥马良等弟兄五个，被称为"马氏五常，白眉最良"，这句话中的"白眉"指的就是马谡，因

---

[1] 吴名岗：《平原君"利令智昏"导致长平之战及其惨败》，《渭南师范学院学报》2018年第21期。

为他的眼眉毛是白的。马谡在当时确实是一个看起来很厉害的军事家，陈寿的《三国志》记载说他"好论军计，丞相诸葛亮深加器异"。所以，诸葛亮第一次率领蜀国军队北伐时，就派他率领一支军队独当一面，去戍守一个叫街亭的地方，结果这位马谡完全辜负了诸葛亮对他的殷殷重托，非常固执地不听从助手王平的建议，而是把数万蜀国军队驻扎的营地选在了没有水源的山顶，结果被魏国军队断绝了水源，不战而溃，马谡也被诸葛亮挥泪下令处斩！[1] 回望历史，我们不难发现上述这两个原本被人们看好的大咖之所以被钉在历史的耻辱柱上，并不是他们不善于言辞，实际上他们谈论起兵法来那可都是滔滔不绝，头头是道的，他们之所以被钉在历史的耻辱柱上，一个很重要的原因就在于他们的行动远远赶不上他们的言辞，或者说他们的行动玷污了他们滔滔不绝谈论的兵法！其实，当时也不是没有人没有注意到他们的言过其实，比如说赵括的母亲就曾经在赵国的国君想要任命赵括出任赵军统帅的时候前去劝阻，说他的儿子只会纸上谈兵，不适合担任统帅几十万大军这样重

---

[1] 沈栖：《诸葛亮缘何错用马谡》，《检察风云》2021年第11期。

要的职务，①但是赵国的国君却并不相信，同样，在当年诸葛亮曾经看好马谡的时候，一向有识人之明的刘备在临终之前就曾经告诫诸葛亮说，马谡言过其实，不堪大用！倘若当年的赵国国君和当年的诸葛亮分别听从了赵括的母亲以及刘备的意见，那估计这两位大咖就不一定会被钉在历史的耻辱柱上，但是历史是不能彩排的，也不允许彩排的！究其根本，赵括与马谡之所以会被钉在历史的耻辱柱上，可以说脚上的泡都是他们自己走出来的，完全是咎由自取！往者不可谏，来者犹可追，赵括与马谡这两个人的遭遇从不同的侧面告诉我们，"行"固然胜于"言"，但是，却并不是所有的"行"都胜于"言"的。与其像赵括和马谡这样的乱作为，还真的不如贵有自知之明，不作为！

---

① 刘立祥：《五位令人景仰的"公务员"母亲》，《唯实》2016年第5期。

第十五章 志存高远

第一节 "志存高远"——一个出自写给"神秘收信人"书信的成语

"志存高远"广义上说也是一个成语,其意是指要树立远大的志向。有人说这是一个出自写给"神秘收信人"书信的成语。这是怎么一回事呢?话还得从这封书信的名称说起。我们都知道,中国古代名人所写的书信在被收录到其文集或选集的时候,往往都要被加上一个名称,也就是题目。这封书信的写作者是诸葛亮,在被收入到不同的《诸葛亮文集》的过程中,这封书信至少有两个名称,一个叫作《勉侄书》,一个叫作《诫外甥书》。熟悉亲属称谓的读者朋友想必都明白,"侄子"和"外甥"不可能是同一个人,这也就是说这封书信的收信人至少有两个。而且作为诸葛亮侄子的"神秘收信人"至少有两个,"嫌疑人"之一,叫作诸葛恪,乃是诸葛亮的大哥诸葛瑾的儿子,此人和他老爸一起在孙权手下效力。看过《三国演义》的朋友想必都会对"诸葛亮舌战群儒"留下深刻的印象,与叔叔相比,诸葛恪的口才也很不一般,据相关史料记载,有一次孙权跟他一起聊天,给他提了一个问题,就是让他评点一下他老爸诸葛瑾和他叔叔诸葛亮谁更厉害一些。这是一个很难回答的问题,弄不好是个丢分题,但是诸葛恪却凭借自己的口才和机智,愣是把这道有可能的"丢分题"变成了"加分题"。他只回答了一句话，就让孙权开怀大笑，他说，"当然是我爹厉害了，因为他选择了追随您，这一点我的二叔诸葛亮拍马也赶不上啊！"① 诸葛恪这个人不仅有口才，而且看起来也似乎比较善于领兵打仗，据相关史料记载，他曾经率领军队平定了在吴国境内的少数民族叛乱。正因为他看起来似乎很厉害，所以孙权临去世的时候，就委托他做顾命大臣。但是这个人其实是只有小聪明，没有大智慧，所以最后被孙氏家族的孙峻联合孙亮杀死，而且还被祸灭了三族！有可能作为叔叔的诸葛亮早就看出这个侄子存在着不能够"绝情欲，弃凝滞""志不强毅，意不慷慨"等问题，所以给他亲笔写下了这封虽然仅有 87 字，但却字字珠玑的书信。作为侄子的另外一个"嫌疑人"叫作诸葛乔，诸葛乔虽然不像诸葛恪那样有名，但是他还有一个身份也很厉害，这个身份就是他曾经一度是诸葛亮的养子，看到这里，可能有的读者朋友会感到奇怪忍不住就要吐槽了：诸葛亮难道没有自己的亲生儿子吗，为什么还要收养子？事实的确是如此，在 46 岁之前，诸葛亮是没有自己的亲生儿子的。中国

---

① 朱玉平：《诸葛恪：人萌嘴甜"小机灵"》，《少儿科技》2021 年第 4 期。

古人说，"不孝有三，无后为大"！为了延续自己的香火，所以诸葛亮从哥哥诸葛瑾那儿要来了诸葛乔作为自己的养子，①但是非常不幸的是，诸葛乔被诸葛亮收养之后，诸葛亮的夫人就给他生下了一个亲生的儿子诸葛瞻，这个时候的诸葛乔身份很是尴尬：是侄子呢，还是儿子呢？所以估计心情一度很惆怅，在这种情况下，诸葛亮给他写一封缓解心情的书信，也不无可能。说完了作为"嫌疑人"的侄子，我们不妨再来看看作为"嫌疑人"的外甥，作为"嫌疑人"的外甥至少也有两个，一个姓蒯，是诸葛亮的大姐生的儿子，诸葛亮一共有两个姐姐，大姐嫁给了当时荆州地区五大家族之一的蒯姓的蒯祺，后者后来死于蜀国叛将孟达的叛乱，诸葛亮听到这个消息之后就把他的大姐连同他的这个外甥一起接到了成都，幼年失去父亲的这位蒯姓外甥估计心情也很惆怅，作为舅舅的诸葛亮，给这位外甥写一封书信，对他加以鼓励，这也是有可能的。作为外甥的第二个"嫌疑人"叫作庞焕，庞焕是诸葛亮二姐生的。这

---

① 李殿元：《略谈诸葛亮的子嗣与妻妾问题》，《看历史》2023 年第 2 期。

个人是典型的名门之后，他的爷爷叫作庞德公，[1]老爸叫作庞山民，如果读者没有听说过这两个人，那么他还有一个叔叔，估计很多读者都听说过，这个叔叔叫作庞统，如果连这个人都不知道，那建议您再去读读《三国演义》！没错，他就是那位和诸葛亮齐名的"凤雏先生"。这样一个名门之后的官二代、名二代，弄不好会有可能混吃等死，所以作为舅舅的诸葛亮，给他写一封让他"志存高远"的书信也是可以理解的。笔者上述这些，当然不是为了考据，而是想要说明一点，无论收信人是侄子还是外甥，无论是哪个侄子还是哪个外甥，其实都体现了写信人诸葛亮作为一个长辈，对于自己的晚辈的这种殷切的关怀！在被这种关怀所感动的同时，我们是不是也可以从这封书信获得一些宝贵的启示呢？

---

[1] 朱增伟：《诸葛亮"躬耕"时的师和友》，《文史杂志》2021年第3期。

第二节 一个原本是民族英雄的人，为什么却成为很多人眼中的悖逆和"饭桶"

熟悉中国文化的朋友都知道，"民族英雄"指的是那些在本民族遭遇到重大灾难和危机的时候，能够挺身而出，或者是自己或者率领族群的其他人一起来抵御外族的侵略，甚至率领所部收复被外族入侵的土地以确保本民族的独立和解放的人。一提到民族英雄，人们肯定而且确定会想到岳飞、文天祥，其实，在中国古代还有一个人，从某种意义上说也是一位民族英雄。这个人名叫桓温，是东晋时期的一个历史名人。在魏晋南北朝时期南朝的东晋以及宋齐梁陈一共开展过16次北伐，其中有3次就是这位桓温桓大将军亲自率领东晋军队进行的，他第一次北伐就率军打到灞上（今陕西西安东），当地的汉族老百姓在被残暴的外族统治多年后再次见到了汉族自己的军队，许多老人忍不住痛哭失声说："不图今日复见官军！"二次北伐时，他率军收复洛阳，并且进入西晋帝国原来的首都金墉城，拜谒西晋先帝皇陵，看到这里，是不是觉得他有点儿和岳飞率领的南宋军队获得朱仙镇大捷，马上就要打到北宋原来的首都汴梁附近相仿佛，虽然可能不能和岳飞相比，但是至少在当时老百姓的心目中，桓温还应该称得上是一个民族英雄的。可就是这样一位民族英雄，在有些人的眼中却是一个悖逆之人和"饭桶",之所以会形成这样的印象,有专家说是后来撰写东晋历史的人对桓温及其所在的东晋王朝集体抹黑的结果,但是笔者认为可能还有一个原因,这个原因可能就与桓温这个人所持有的志向有很大的关系:桓温的志向说起来也很"高远",就是"流芳百世",这个志向看起来没有任何问题,虽然有点儿想要追求个人的名声,但是老祖宗早就说过,"立德、立功、立言",乃是人生应该追求的"三不朽","流芳百世"属于"三不朽"之一,连圣人们都肯定的,那为什么还说桓温的志向有问题呢?原来,这位桓温桓大将军还有一个志向,这个志向叫作"遗臭万年",对,您没有看错,这"流芳百世"和"遗臭万年"这两个完全相对应的志向在桓温那里却并行不悖,都说得堂而皇之。据相关史料记载,有一次在和别人谈话时桓温非常严肃地说,"大丈夫倘若不能流芳百世,也定当遗臭万年"。[1]如果仅仅是这么说,过过嘴瘾,也无所谓,但是桓温不但是这么说的,这么想的,而且也是这样做的。"流芳百世"

---

[1] 陈雅妮:《论〈世说新语〉中王敦、桓温形象的塑造——以〈世说新语〉〈晋书〉比较为基点》,《安康学院学报》2020年第2期。

就不用说了，在家庭方面，他堪称当时的孝子，他的父亲被一个仇人所害，他以弱冠之躯，在强敌环伺的情况下手刃仇人，博得了孝子的美名，①后来成为东晋的大将军率军三次北伐，并且收复了长期割据一方的西蜀，获得了不少人的点赞。但是这个人一旦"流芳百世"做不到了，就马上想要"遗臭万年"，具体一点说就是想把当时的东晋皇帝赶下去，自己取而代之。其实，有这个想法在当时也不算什么问题，在那个时代，可谓是"皇帝轮流做，明天到我家"，桓温让人鄙视的是，就是有想法没办法，他虽然几次想要把东晋皇帝搞下去，但是当机会摆在他面前的时候，他却又犹豫不决，这样的一个人，所以就自然而然地遭到了人们的唾弃。与唐太宗李世民一起打造了"贞观之治"的房玄龄曾经评价桓温说他"废主以立威，杀人以逞欲，曾弗知宝命不可以求得，神器不可以力征。岂不悖哉！岂不悖哉"！中国台湾著名历史学者柏杨也认为桓温"不能称为枭雄，不过一个较王敦略高一筹的饭桶军阀而已"！司马迁在

---

① 彭治宇：《〈世说新语〉中的一代枭雄，有性情讲体面》，《新京报书评周刊》2023 年 5 月 19 日。

《史记》中曾经记载过历史名人李斯青年时期的一段见闻，就是有一次他去上厕所，发现厕所里的老鼠一个个非常猥琐，联想到在仓库里看到的那些吃得脑满肠肥的老鼠，李斯忍不住发出感慨说。"人之贤不孝，在所自处耳"。李斯的人生观、价值观、世界观可能都有问题，但是他确实说出了颇有哲理的话。在树立人生志向的时候，一定要分清楚是"为善"还是"为恶"，"为恶"的志向越大，带给社会以及自身的危害可能也就越大，岂不慎乎？！

第三节 "志存高远"并不等于"好高骛远"："带汁诸葛亮"留给我们的教训与启示

诸葛亮是三国时期的著名人物，由于种种原因，他成为很多中国人心目中集超强智慧与极大成功于一身的一位大咖，很多人都想以他为榜样，把成为他那样的人作为自己人生的最高追求目标。平心而论，持有这种想法说起来也没有什么错误，诸葛亮本人年轻的时候也是常常以管仲、乐毅自比，也就是把成为春秋时期的名相管仲、名将乐毅那样的人作为诸葛亮自己的人生志向的。但是，"志存高远"也要仔细掂量一下自己的斤两，如果不自度德量力，就想硬要把成为诸葛亮那样的人作为自己的人生目标，那弄不好可能就会出笑话，不妨和读者朋友一起分享两个"带汁诸葛亮"的故事。第一个获得这一"光荣"称号的人叫作王昭远，此人说起来还应该算是诸葛亮的半个老乡，这话是什么意思呢？因为诸葛亮的"籍贯所在地"是山东琅琊，就是今天的山东临沂，而他的"实际居住地"至少是后半生的"实际居住地"却是在四川，而这位王昭远就是地地道道的四川人。这个王昭远出身比较寒微，是一个书童出身。所谓"书童"，顾名思义就是在主人读书时候做一些端茶倒水、磨墨捧纸之类工作的服务人员。大家千万不要小看"书童"这个职位，倘若被有影响力的人看上了，那就有可能会成为一个大人物，比如说宋代的高俅，原本就是苏轼身边的书童

（当时称为"小史"），因为踢得一手好球，估计至少可以与今天的中国男足相比肩，所以受到时任端王，后来的徽宗皇帝赵佶的青睐，一路把他提拔成了掌管北宋东京80万禁军的太尉。① 由此可见，"别把豆包不当干粮，别把村长不当干部"是颇含哲理的。当然了，和高俅相比，这位王昭远倒不会踢什么好球，但是他却跟对了人，它的第一个主人是一位叫作知諲的和尚，有一次后蜀的开国皇帝孟知祥前往知諲所在的寺庙面见知諲，聊天的过程中，在一旁端茶倒水伺候的小书童王昭远引起了孟知祥的注意，越观察越觉得这个小书童可爱，于是就从知諲手里把王昭远要了去，后来交给自己的儿子孟昶，让他给孟昶做一个端茶倒水的小书童，公元934年孟昶登基当上皇帝之后，觉得王昭远把他伺候得很舒服，于是，就任命王昭远做"卷帘使"，这个"卷帘使"看起来是不是有点儿熟悉？没错，《西游记》小说中的三师弟沙悟净，没被贬下天庭之前，在天上做的就是"卷帘将军"，与《西游记》小说里的沙和尚不同，王昭远做的这个"卷帘使"却不是什么将军，而仍然是皇帝身边的高级工作人员，后来，因为持续获得了孟昶的赏识，所以王昭远又被任命为诸司使，到了后来，更是爬上了知枢密事也就是国防部执行部长的高位，再后来，又被任命为山

---

① 若蒙：《高俅原是苏东坡的小吏》，《作文教学研究》2005年第2期。

南节度使。人一旦骤增高位，如果自身底蕴不足的话，可能就要想方设法提高自己的声望，从理论上说，提高声望的方式至少有两种，一种是通过扎扎实实的努力，干出惊天动地的成绩来，再有一种是比较急功近利的方式，那就是想方设法将自己与大家都耳熟能详的名人之间建立某种关系。这一点在20世纪三十年代的中国有一个非常好的例子，当时，胡适在中国大大有名，有些人为了刷自己的名望，在和别人谈论的时候，就经常把"我的朋友胡适之"挂在嘴边！王昭远那个时代，胡适之还没有出生，但好在诸葛亮早就已经在王昭远所生活的蜀汉这个地方做出过一番伟业了，所以，这位王昭远就经常以诸葛亮自比，认为自己最大的人生志向就是成为诸葛亮。可谓是"志存高远"！平心而论，树立远大理想不是不可以，问题是能不能做到？公元964年11月，北宋派军伐蜀，后蜀帝国皇帝孟昶于是就派这位常以诸葛亮自比的王昭远领军去抵抗宋军，临出发前，这位王昭远王诸葛还大言不惭地说，"吾此行何止克敌，当领此二三万雕面恶少儿，取中原如反掌耳！"为了增强自己说话的效果，他还像传说中的诸葛亮那样手拿一柄相当于诸葛亮的羽毛扇那样的铁如意，率军迎敌，结果"理想很丰满，现实很骨感"，与宋军打了三仗，结果三战三败，大败之后的王昭远像被打断了脊梁骨一样，整日以泪洗面，被人成语大"观"

成语中的人生启示

戏称为"带汁诸葛亮"！① 人们常说，历史往往有惊人的相似之处，获得"带汁诸葛亮"这一"美名"的，绝不仅仅只有王昭远一个人，至少他还有一个难兄难弟，此人就是宋代的大将郭倪。与王昭远不同的是，郭倪是武将出身，但是，就像现在很多老板拼命想把自己包装成有学问的"教授"一样，这位郭倪郭大将军整天不练习武功，而是朝思暮想想要成为诸葛亮那样的伟人，为了增强与诸葛亮的相似度，他吸取了王昭远手拿铁如意打了败仗的教训，手里总是像传说中的诸葛亮那样摇着一柄羽毛扇，而且还请人在扇面题写杜甫老先生称赞诸葛亮的名句"三顾频频天下计，两朝开济老臣心"，很明显是以诸葛亮自比，将成为诸葛亮作为自己的人生最大志向，公元1206年，他奉当时的权臣韩侂胄之命北伐，结果遇到金国的军队，一战即溃，他吓破了胆，逃回到后方整日以泪洗面，同样被人戏称为"带汁诸葛亮"！② 王昭远和郭倪这两个人的上述经历告诉我们，志存高远是可以的，但是一定要度德量力，不要画虎不成反类犬！还是那句话，树立人生志向时，既要仰望星空，更要脚踏实地！

① 赵奉蓉：《人贵自知》，《中学生阅读（高中版）（上半月）》2012年第5期。
② 吴晶：《古代"凉粉"也疯狂》，《课堂内外（初中版）》2009年第11期。

第十六章
饮水思源

第一节 "饮水思源"
一个出自有国不能归、有乡不能回的超级游子作品的成语

"饮水思源"也是一个成语,意思是指"喝水时想到水源,比喻不忘本",[①] 有人说这是一个出自有国不能归、有乡不能回的超级游子作品的成语。这是怎么一回事呢?从理论上说,出现"有国不能归,有乡不能回"的情况,至少有这么几种可能:一种是客观的某些不可抗力,比如,由于地理交通条件的限制,或者是因为战争的原因,使得回乡的路遥不可及,比如说唐代著名诗人杜甫在"安史之乱"的过程中就曾经颠沛流离在异乡,所以当朝廷的军队收复了他的家乡后,他才会以非常兴奋的心情写下了"剑外忽传收蓟北,初闻涕泪满衣裳。却看妻子愁何在,漫卷诗书喜欲狂。白日放歌须纵酒,青春作伴好还乡。即从巴峡穿巫峡,便下襄阳向洛阳。"的诗句。另一种情况则是相关行为主体主观上的原因,比如说被限制了人身自由,汉代的苏武和张骞就基本上属于这种情况,他们之所以曾经很长一段时间"有国不能归,有乡不能回",很重要的一个原因就是他们在某一个地方被限制了人身自由,张骞在出

[①] 《成语大词典》编委会:《成语大词典》,商务印书馆国际有限公司2013年版,第1336页。

使西域的过程中曾经被匈奴限制人身自由长达十年之久，而苏武更是在遥远的贝加尔湖畔被限制人身自由长达19年之久。我们本节所说的这位超级游子，他"有国不能归，有乡不能回"的原因却与上面提到的这几位有很大的不同，他之所以不能够回到家乡，是因为在那些挽留他的人的心目中，他是一个举世罕见的人才。这又是怎么一回事呢？话还得从这个人的经历说起，此人名叫庾信，是南北朝时期南朝很有名的大才子，他们家据说"七世举秀才""五代有文集"，他本人也曾经深得梁朝的昭明太子和简文帝以及梁武帝等的赏识，做到了很高的官职。后来由于那场有名的"侯景之乱"，他被迫渡江北上，先是逃到了西魏，后来北周代替了西魏，他又在北周做了大官。人们常说"长安居大不易"，其实，岂止是"长安居大不易"，刚到北方那样一个新的环境中，庾信原来在南朝积累下来的名声，在西魏那些读书人的眼中似乎不算什么。这也难怪，当时的南北朝两方互相敌视，南方称北方为"索虏"，北方称南方为"岛夷"。在北方的那些读书人看来，这个庾信不过是南方"岛夷"中一个念过几天书的人而已，没有什么水平！为了向他们证明自己，庾信在一次聚会时当场写下了一篇文章，这就是在中国古代文学史上广为流传的《枯树赋》，这篇并不是很长的文章因为写得起承转合错落有致，用词华丽典雅，尤其是其中结尾处几句"昔年种柳，依依汉南。今看摇落，凄怆江潭。树犹如此，人何以堪"，就像很多穿越小说的"猪脚"创作出知识产权属于纳兰容若的"人生若只如初见"一样，一下子就震慑了当时在场的和不在场的西魏帝国所有的读书人！从此以后，庾信一下子成为西魏的文坛领袖！俗话说，福祸相依，有了一个好名声，对于庾信在西魏乃至北周的发展，确实是有好处，但是也恰恰是因为他有了这个好的声望，却给他后来的想要返回故乡制造了不可逾越的障碍！到了南北朝的南朝陈朝的时候，陈朝的统治者向当时的北周朝廷提交了一份名单，希望从两国友好的角度考虑，将这些原籍是南方的人放回南方，北周的统治者满足了南朝陈朝统治者的大部分要求，只是把两个人留下不放，这两个人一个叫王褒，一个就是庾信，看到北周的皇帝死活不肯放自己回去，内心悲愤难平又思乡难却的庾信忍不住提笔写下了题为《征调曲》的怀乡诗，其中有一句是"饮其流者怀其源",这句话就是"饮水思源"这个成语典故的由来,①"饮水思源"反映了庾信"有国不能归,有乡不能回"的永恒乡愁,也留给我们今天很多宝贵的启示。

① 刘同华:《落其实思其树饮其流怀其源》,《中国纪检监察报》2021年1月8日。

第二节 刘秀为什么成功，项羽为什么失败

"饮水思源"说起来容易，做起来却不简单，关键在于如何准确地找到作为源头的那个"源"，这方面中国古人是既有经验又有教训的，不妨与读者朋友一起分享两个故事，一个故事叫作"滹沱麦饭"，另外一个叫作"此天亡我也"。前一个故事与一个叫刘秀的人有关。很多熟悉中国古代历史的朋友想必都知道，刘秀是东汉帝国的开国皇帝，说老实话，虽然被称为是汉高祖刘邦的第九世孙，但是到刘秀九岁那年，他的父母双亡，家庭就已经彻底没落了，刘秀本人也差不多成了孤儿。长大以后，虽然他学了不少本事，但是也只能和他的兄长刘縯一样，一起屈居在绿林军更始皇帝刘玄的麾下去"打工"，虽然被封为"太常偏将军"，而且还曾经以区区数千之兵，破敌百万之众，取得了"昆阳大捷"，创造了中国历史上以少胜多的辉煌战例，但是，他的哥哥刘縯却被更始皇帝刘玄设计杀害，刘秀本人为了避祸，甚至都不敢哭一声！就是这样一个看起来窝窝囊囊的人却最终扫灭群雄，成了东汉帝国的开国皇帝，这里边的原因当然有很多，刘秀本人也自己曾经反思过。刘秀的手下有一位大将，名叫冯异，冯异这个人是东汉帝国开国将领中的一个异类，此人很早就认定了刘秀是一个可以值得

托付身家性命的人，所以很早就跟随刘秀。后来，刘秀的手下将领每当打下胜仗，要论功行赏的时候，都为自己能够分得更多的利益而争吵不休，甚至拔剑而起，相互斗殴，只有冯异却常常躲开众人，独坐在一棵大树之下不屑与他们为伍，他也因此被称为"大树将军"。[1]俗话说，"名满天下谤亦随之"，因为冯异这个人太与众不同了，所以就遭到了别人的诬陷，说他有自立为王的野心，冯异本人也很苦恼，就上书给刘秀，刘秀马上回信对他表示信任，在建武六年（公元30年）春天，冯异到京述职的时候，刘秀更是对众人说，想当年我被敌人追赶，连饭都吃不上，这个时候是冯异给我送来了"萋亭豆粥，呼沱河麦饭"，倘若没有那碗饭，就不一定有今日。[2]这段话从某种意义上说可以视为是刘秀对自己能够获得成功的总结，那就是离不开包括但不限于冯异这样的文武大臣们对他的雪中送炭和锦上添花式的帮助！纵观中国历史，很多开国之君打下江山之后，往往都怀着一种比较阴暗的心理，以各种"莫须

---

[1] 蔡建军：《从"大树将军"说开去》，《前线》2017年第6期。
[2] 海燕：《芜蒌豆粥·滹沱河麦饭》，《五台山研究》1988年第2期。

有"的方式，对与他一起打江山的文武大臣们大肆屠戮，韩信所说的"走兔尽，猎狗烹，高鸟尽，良弓藏"说的就是这个意思！而刘秀则是中国历史上为数不多的没有搞"鸟尽弓藏"那一套的开国之君，所以，北宋史学家薛居正才评价说"自古帝王，能保全功臣者，唯光武一人而已矣"！刘秀在总结自己成功的经验，"饮水思源"的时候，将"滹沱麦饭"作为自己成功的一个很重要的源头，应当说是找对了的。与刘秀形成鲜明对照的是另外一个人，就是我们要讲到的另外一个故事，"此天亡我也"，这个故事的主人公叫作项羽。项羽这个人和刘秀相比，其实一开始的起点还是不错的，刘秀很小就成了孤儿，而项羽却一直有他的叔叔项梁罩着，而且论起起家时的基础，项羽肯定也远远高于刘秀，那为什么项羽却最后没有打下江山，而被刘邦打败了呢？这个问题项羽也不是没有反思过，公元前202年，项羽在垓下被刘邦用"十面埋伏"之计打败之后，逃到一条名叫乌江的江边，对自己失败的原因，曾经做了一个反思，反思的结果用一句话概括就是"此天之亡我，非战之罪也"，意思是说，打了败仗出了错，并不是我的原因，而是老天爷想要灭亡我！很明显，项羽对于自己为什么失败也进行了一番"饮水思源"式的反思，反思的结论明显找错了"根源"，太史公司马迁曾经评价项羽说，"五年卒亡其国，身死东城，尚不觉寤，而不自责，过矣。乃引'天亡我，非用兵之罪也'，岂不谬哉！"回望刘秀和项羽这两个人留下的上面这两段故事，我们不难发现，"饮水思源"一定要找对源头，找对了源头是"饮水思源"者之福，找错了源头，乃是"饮水思源"者之祸，甚至最后可能会危及"饮水思源"者的性命，使得他们死了还不知道自己是因为什么原因而死的，岂不慎哉！

第三节 "水"应努力避免使"源"为之蒙羞：龚橙与张燕卿、张仁蠡留下的教训

"饮水思源"的"源头"固然重要，而"水"的作为也同样不可轻忽，因为从"源头"流出来的"水"倘若被污染，反过来污染"源头"，使"源头"为之蒙羞的事例还真的并不少见，不妨跟读者朋友分享几个这方面的故事。第一个故事和一个著名的历史事件有关，这个历史事件就是"火烧圆明园"。熟悉中国历史的朋友想必都知道。圆明园原本是坐落在北京西北郊的一座皇家园林，它始建于康熙四十六年（1707年），中间经历了雍正、乾隆、嘉庆、道光等数代皇帝举全国之力才得以建成，据说融合了当时世界最先进的园林建筑艺术，代表了当时人类社会在园林建筑方面的最高水平，也是当时世界上最大的一座博物馆，但是，就是这样一座"万园之园"却毁于一场可恶的战火。1860年，英法联军入侵北京，圆明园被英法联军放火烧毁了，令人遗憾的是，毁灭圆明园的并不只是英国和法国的强盗军队，而是还有一个叫作龚橙的中国人，这个龚橙用今天网络上流行的话说，就是典型的"带路党"！在中国古代社会，人们认为人际关系有"五伦"，即君臣、父子、夫妇、兄弟、朋友，一般来说，每一个生活在那个时代的人都要遵守这"五伦"，就是不能成为逆臣、逆子、不义之人！但

成语大"观"——成语中的人生启示

是，这个龚橙却根本不把这样的行为准则放在眼里，在他的心目中，什么君臣、父子、兄弟、朋友，通通都是狗屁！他只认同"夫妇"之"伦"，但是他这个"夫妇"的"妇"却不是他的正经老婆，而是他的一个姘头，一个妓女，所以，他自己也颇有自知之明自号为"龚半伦"，有一次，他的一个弟弟远道去看望他，他却将其拒之门外，正是因为不讲道义，所以，在英法联军放火烧毁圆明园的过程中他才"挺身而出"，充分发挥了他"多才多艺"的本领，"乃乘夷乱，导之入园，纵火肆掠"，尽管有人想为他洗白，但证之于《圆明园残毁考》《同治重修圆明园史料》等清代人留下的权威资料，他这个"带路党"的罪名还是不能被洗刷的！[1]说起这个"龚半伦"不是别人，正是清代非常有名的一位大咖龚自珍的儿子！龚自珍其人，可能现在的很多人不一定都非常熟悉，但是，说到"我劝天公重抖擞，不拘一格降人才"这两句诗，估计很多人应该都听到过，甚至引用过，这两句诗就是龚自珍《乙亥杂诗》中的

---

[1] 佚名：《雨果的义愤与"龚半伦"的恶行》，《新作文（高考在线）》2006年第3期。

两句，此人乃是清代著名的爱国者，曾经全力支持林则徐禁毁鸦片，这样一位在当时享有盛名的爱国文化大咖可能做梦也没有想到，自己的一世爱国英名竟然被他的这个号称"半伦"的儿子而毁掉，估计倘若九泉之下有知，他肯定会跳起脚来大骂龚橙为不孝之子！其实这个龚橙不仅卖国，而且对父亲也充满了不敬，据相关史料记载，他经常把写有他父亲名字的木头牌位放到手边，同时拿出他父亲的著作来阅读点评，每读两句，他就要敲一下老爸的神主牌位说，"不通不通"！连爹都可以侮辱，难怪会去当"带路党"！大家千万不要以为上述这种情况只是龚自珍家门不幸，在清代还有另外一个非常有名的历史人物，此人叫作张之洞，乃是清代一个非常有名的封疆大吏，此人少年得志，做过几个地方的总督，是著名的洋务派首领，与曾国藩、李鸿章、左宗棠并称"晚清中兴四大名臣"。有人说他从某种意义上开启了中国历史的近代化进程，这个人也有比较强烈的爱国心和爱国行为，1883年中法战争爆发，张之洞上书力主抗争，第二年被任命为两广总督，指挥刘永福黑旗军以及广西提督冯子材等力抗法军，取得了镇南关大捷，但是，令张之洞怎么也想不到的是他的两个儿子，第5个儿子张燕卿和第 13 个儿子张仁蠡却在他死后，在日本侵略中国的过程中，扮演了汉奸的角色，其中张燕卿在伪满成立后先后任实业部总长和外交大臣，而张仁蠡则出任了汪伪政权的武汉市长，[①]假如张之洞九泉之下有知，估计肯定会像龚自珍一样气得跳脚大骂这两个不肖之子！包括但不限于龚橙、张燕卿、张仁蠡，他们的行为不仅将他们自己永远钉在历史的耻辱柱上，而且也令他们的先人蒙羞，所以，作为后代的"水"，即使不能为"源头"增光添彩，但也千万不应玷污了"源头"的美好名声！

[①] 程华：《伪和平救国会与"七七"前后的吴佩孚》，《湖北文史》2006 年第 1 期。

第十七章
无远弗届

第一节

「无远弗届」一个出自四千多年前开给名人大禹治疗「心病」药方的成语

"无远弗届"广义上说也是一个成语，意思是指"没有什么地方到不了的"。有人说这是一个出自4000多年前开给名人大禹治疗"心病"药方的成语。看到这里，可能有的朋友忍不住就要吐槽了，什么，您没有搞错吧？是那个"三过家门而不入"的那个大禹吗？他怎么会有"心病"呢？而且还要别人给他开"药方"呢？这个问题提得好。说起大禹的"心病"，还得从他率部发动的一场战争说起，这场战争就是有名的"禹征三苗"，"三苗"是当时与大禹所在的华夏族相邻的一个部落，这个部落的首领对于尧把天下禅让给舜感到不爽，认为应该把天下禅让给他，结果率领整个部族起来反叛，对华夏族部落联盟构成了挑战与威胁，尧和舜都率领军队征伐过他们，但是却没有取得决定性的胜利。大禹从舜手里接过部落首领盟主之后，三苗仍然七个不服八个不忿的，为了消除这个隐患，大禹"亲把天之瑞令，以征有苗"，说老实话，当时的大禹是比较着急的，因为他想要通过打一场前人没有打赢的胜仗来证明自己。这话是什么意思呢？尽管主流话语层一向认为，舜和禹是通过禅让来完成权力交接的，但是，早在先秦时期就有一种说法，说大禹从舜手里接过政权的时候，其实是采用了非和平的手段，比如，韩非子就曾经说过"舜逼尧，禹逼舜"，意思是大禹是通过逼迫下台的方式从舜手里夺过权力宝座的！纵观中国历史，有一个特别有意思的现象，就是很多有成就的所谓明君圣主，往往都有一段并不那么光鲜亮丽的上台历史！比如说曾经创造了"贞观之治"的李世民和"再造宇宙，功同开创"的明成祖朱棣，他们分别是通过"玄武门之变"和"靖难之役"才登上皇帝宝座的！唯其如此，这些在权力交接过程中明显存有瑕疵的皇帝都想努力通过自己的奋发有为来向世人证明自己当皇帝的合理性！与他们一样，大禹当时也是面临着与舜权力交接之后当时其他的部族首领是不是从心里真心服从的问题，尽管通过"涂山之会"以雷霆手段拿下并杀掉了迟到的防风氏——"防风氏后至，禹诛之"，但是，至少在心中，大禹可能还是对自己能否获得众人的一致认可而感到心存焦虑，这种焦虑久而久之可能就成了某种"心病"，就是急于求成！所以他率众去讨伐三苗，打了整整30天也没有取得预期的效果！在这种情况下，他自然感到很颓丧，在这种情况下，就需要有人给他开"药方"来疗治他的"心病"，这个给他开"药方"的人叫作伯益，伯益这个人很多人可能不是非常了解，但是说到他的一个后代，估计很多人都应该耳熟能详，甚至如雷贯耳了，这个人叫作嬴政，没错，就是那位建立了中国历史上第一个大一统的封建王朝的秦始皇，伯益就是秦始皇的远祖。和嬴政秦始皇不同的是，伯益这个人并不认同通过武力来获得自己想要的东西，与动武相比，他更喜欢修文，所以他就给大禹献上了一剂心灵"药方"，这个"药方"被记录在中国最古老的典籍之一的《尚书·大禹谟》中，原文是"益赞于禹曰：'惟德动天，无远弗届。满招损，谦受益，时乃天道'"。这段话的意思是告诉大禹，不要心急，不要把眼睛只盯在动武打仗上，您完全可以通过修炼自己的德行来感化三苗，因为"惟德动天，无远弗届"！大禹听了之后觉得很好，然后就率领部队回去，之后便开始更加重视品德的修养，而且还自创了一种释放善意的舞蹈，就这样，经过一段时间，大禹的这些做法传到了三苗那里，结果"七旬有苗格"，只用了70天的时间就把尧、舜两代人花了数十年时间都没有征服的三苗给收服了！[1]伯益四千多年前给大禹开的这个治疗"心病"的"药方"，不仅留下了一个经常被使用的成语"无远弗届"，而且更留给四千多年后的我们以很多宝贵的启示。

---

[1] 刘洋：《〈墨子〉的非攻主张及其对禹征三苗的叙事》，《新乡学院学报》2015年第4期。

第二节

德行真的可以无远弗届：宋仁宗留给我们的启示

在中国历史上，有这样一个皇帝，他去世的时候，不仅本国的官员们一致感到悲伤，而且远在偏远山区的普通老百姓也都发自内心地对他的去世表示沉痛的哀悼！不仅本国的老百姓和士大夫们对他的死悲痛不已，甚至就连与他敌对国家的皇帝和敌对国家的百姓也都为之而哀痛不已，痛哭流涕！人们经常说，世界上没有无缘无故的爱，也没有无缘无故的恨，这个人为什么能够赢得立场、阵营并不完全相同甚至是完全不同的人们对他的一致爱戴呢？他是谁？做过了一些什么事情，让人们对他发自内心地爱戴呢？此人姓赵，名祯，乃是北宋帝国的第四任皇帝。说起这位赵祯，可能很多人不是很熟悉，但是，熟悉中国传统戏曲的朋友想必都看过或者听说过有一出戏叫作《金水桥陈琳抱妆盒》。这出戏说的是北宋真宗年间，当时的皇帝没有自己的儿子，有一次，一个姓李的宫女和皇后同时怀孕，皇后刘氏害怕李氏宫女生下儿子被立为太子，所以与宫中太监郭槐勾结，用一只剥了皮的狸猫换下了李氏宫女生的男婴，并奏报皇帝说李氏宫女生了一个怪物，多亏宫女寇珠和宦官陈琳两人良心未泯，将李氏宫女生的男婴送到皇宫之外抚养成人，最后这个男婴长大成人后阴差阳错地被立为太子，并且登上了皇帝宝座,这就是有名的"狸猫换太子"的故事。故事的主人公不是别人,就是本节的主人公赵祯。既然是故事,肯定有很多虚构的成分,但是至少有一点是真实的,那就是赵祯确实并不是刘皇后所生,他的生母确实姓李,是一个宫女,而且直到亲生母亲去世,赵祯都不知道自己是谁所生。[1]从某种意义上说,他确实是一个非常苦命的孩子!他虽然很早就被皇太后刘娥立为皇帝,但是当了皇帝之后,却又像光绪皇帝生活在慈禧太后的阴影下一样,在皇太后刘氏的阴影下窝窝囊囊地度过了整整11年的时间,好不容易亲政之后又面临着内外交困的局面,外部有新崛起的西夏虎视眈眈,内部有开国60多年就积累下的大量冗官、冗兵、冗费,可以说,他是从自己的老爸和养母手里边继承了一个前所未有的烂摊子!可就是这样一个人,却在一个并不是很友好的环境中尽其所能为他所在的国家和他的人民奉献了一切!在他当政时期,先后提拔任用了吕夷简、范仲淹、包拯、韩琦、富弼、文彦博、种世衡、狄青、晏殊、宋庠、宋祁、尹洙、梅尧臣、苏舜钦、苏洵、欧阳修、

---

[1] 任崇岳:《狸猫换太子的传说与真相》,《寻根》2021年第4期。

周敦颐、程颢、程颐！在中国历史上有一种现象，那就是一个最高统治者可能是一个好皇帝，但往往却不一定是一个好人。很多所谓的明君贤主，往往都是用铁血手段赢得了自己的威名，比如说朱棣，但是，赵祯与他们不同，他这个人最大的特点就是"仁"！所谓"仁"，按照孔子的说法就是"爱人"（"仁者，爱人"），实际上就是通过克制自己的欲望，不打扰别人平静的生活，或者是因为自己的所作所为而让别人生活得更美好！这样的皇帝在中国历史上是并不多见的，而宋仁宗赵祯就是其中的一位！不妨跟读者朋友分享几个故事，据相关史料记载，有一次吃饭时，赵祯突然吃到了一粒沙子，硌得牙齿剧痛，这时候，令人感动的一幕出现了，这位九五之尊的天之骄子竟然只是把那粒沙子吐出来，同时嘱咐身边的宫女，千万别把这件事说出去，因为那会连累厨师可能害死他们！苏东坡的弟弟苏辙参加进士考试时把道听途说来的当成了事实，在考卷中指责皇帝赵祯宫中有美女数以千计，整日里纸醉金迷，既不关心老百姓的疾苦，也不跟大臣们商量治国安邦的大计，这是典型的"恶毒攻击"！倘若换了一个皇帝，估计苏老二脑袋有可能就要搬家了，但是，皇帝赵祯却说，苏辙一个小官，敢于如此直言，应该特与功名，以资鼓励！^①有一次他早晨起来对身边人说，昨晚很饿，想吃烧羊，但是并没有吃，别人问他为什么不吃，他说担心这成为一个惯例之后，就会劳民伤财！^②还有一次，他出外散步，不断回头观望，回到住处后连喝了几碗水，别人问他，为什么在外面的时候要忍着口渴，赵祯回答说，我没有看见随从们准备水壶，如果当时要是提喝水，肯定有人要因此而被处罚，所以我就忍着渴回来再喝水了！诸如此类的事情还有很多。正是因为包括但不限于上述这些克己爱人的举动，所以当他去世之后，连北宋的敌国辽国"燕境之人无远近皆哭"，辽国道宗皇帝耶律洪基下令全国为他举哀，加以哀悼！给他建了一个衣冠冢，寄托哀思！更神奇的是此后辽国的历代君主都"奉其御容如祖宗"——把他的画像当成祖宗一样供奉！^③宋仁宗赵祯的故事告诉我们，德行真的是无远弗届的！您觉得呢？

---

① 吴兆民：《宋仁宗的"仁"》，《源流》，2005 年第 2 期。
② 王厚明：《"赵祯忍饿"与"何曾带厨"》，《月读》2022 年第 10 期。
③ 王厚明：《"赵祯忍饿"与"何曾带厨"》，《月读》2022 年第 10 期。

第三节

德行"无远弗届"的基础和前提是"四行"：对"三顾茅庐"另辟蹊径的解释给我们的启示

有人说德行"无远弗届"的基础和前提是"四行"。所谓"四行"就是相关行为主体自身得行，得有人说他（她）行，说他（她）行的人自身得行，说他（她）行的人说他（她）行的方式或者手段得行。这有点像绕口令，为了帮助大家理解，不妨和读者朋友分享一个大家都耳熟能详的故事，这个故事就是"三顾茅庐"。"三顾茅庐"地球人都知道，至少绝大多数中国人都知道，传统的解释是说这个故事表现了刘备的求贤若渴、礼贤下士，是对刘备的充分肯定。其实，我们完全可以换一个角度来对这个大家都耳熟能详的故事做另辟蹊径的解读。这个故事在笔者看来与其说是展示了刘备的求贤若渴、礼贤下士，倒不如说是由诸葛亮精心策划的一场借助刘备的配合展示诸葛亮的德行和才能的行为艺术！这话是什么意思呢？我们不妨按照我们刚才所说的"四行"理论来观察一下，首先诸葛亮这个人自身是行的，宋代大文豪苏东坡说他"密如神鬼，疾如风雷。进不可当，退不可追。昼不可攻，夜不可袭。多不可敌，少不可欺。前后应会，左右指挥。移五行之性，变四时之令。人也？神也？仙也？吾不知之，真卧龙也"，连他的敌人司马懿都称赞他说"真乃天下奇才也"！其实，像诸葛亮这样的人才，并不可能只有他一个，无论是在当时还是在其后，类似他这样的人估计肯定不在少数，那为什么其他的人没有成为诸葛亮呢？这是一个很值得思考的问题，我想其中很重要的一个原因可能就是那些人没有遇到"有人说他行"，而诸葛亮却是"有人说他行"。比如说《三国演义》和《三国志》中都提到的徐庶和司马徽等等，这些说他行的人本身也都是非常行的人，比如说徐庶，虽然大家了解他，是因为他留下了一个歇后语，叫作"徐庶入曹营，一言不发"，但追本溯源，这个人还是相当牛的，牛到了曹操为了把他收到麾下，不得不采用比较下三滥的手段，把他的母亲掳到当时是曹营的所在地许昌，然后诈用他母亲的名义给他写信，把他骗到了曹营，《三国演义》的作者罗贯中老先生曾经写诗称赞他说"痛恨高贤不再逢，临歧泣别两情浓。片言却似春雷震，能使南阳起卧龙"！那位司马徽就更是厉害的不得了，《三国志》的作者陈寿称赞他说"颍川司马徽清雅有知人鉴"！他亲口品评了当时在荆州地区的那些出了名的人才，然后单独点出了两个人，一个是卧龙诸葛亮，一个是凤雏庞士元！除了上述这两个人以外，当时还有其他很多很"行"的人也都在用各种各样的方式来说诸葛亮的"行"：当时的荆州地区有所谓四大家族"黄、蔡、蒯、庞"，这四大家族在当地盘根错节，任何外来势力想要在荆州地区立住脚，都必须和他们结下各种各样的关系，诸葛亮娶了黄氏家族黄承彦的女儿，诸葛亮有两个姐姐，大姐嫁给了蒯氏家族的成员蒯琪，二姐嫁给了庞氏家族的成员庞山民，而那位荆州牧刘表，则娶了蔡氏家族的女子为妻，而这位蔡氏家族的女子，就是诸葛亮妻子的二姨，所以，当地的这四大家族都和诸葛亮有亲属关系，这些人估计肯定会对人宣讲诸葛亮的"行"！最有意思的也最令人玩味的就是那些说诸葛亮行的人说他行的方式很行！这话是什么意思呢？我们不妨回顾一下《三国演义》的相关桥段，可以说罗贯中老先生用他的生花妙笔把这第四个"行"描写得淋漓尽致，"三顾茅庐"之前有两个序曲，就是"徐庶走马荐诸葛"和"司马徽向刘备讲述诸葛亮的才能"，当说到诸葛亮自比管仲、乐毅而关羽和张飞感到有点儿夸大的时候，司马徽索性又说出另外两个人，一个是姜太公，一个是张良张子房来比喻诸葛亮的才能，这实际上是为诸葛亮的隆重登场蓄势！然后先后通过崔州平给刘备泼冷水"将军欲见孔明，而使之斡旋天地，扭捏乾坤，恐不易为也"，以便凸显诸葛亮挽狂澜于既倒的不易，然后又通过颍川石广元和汝南孟公威这两位诸葛亮的好友以"吾等皆山野慵懒之徒，不省治国之事，空在世无益。君请上马，可见卧龙矣"为由彰显"我们不和你玩"，以此再次凸显诸葛亮的难得，然后又通过诸葛亮的弟弟诸葛均之口隐晦地告诉刘备，我们家弟兄三个都是人才，老大已经被江东的孙权孙仲谋延揽为高参，言外之意是我二哥诸葛亮也是非常"抢手"，再不抓紧，可能就成了别人碗里的"菜"了！然后又通过偶遇诸葛亮的岳父黄承彦吟诵一首充满哲理、不明觉厉的诗歌，从文学的侧面来展示诸葛亮的无所不能！让刘备欲罢而不能，所以只能接连冒着风雪前往卧龙岗去拜见诸葛亮！我们在充分欣赏罗贯中老先生文笔的同时，仔细想来，"三顾茅庐"从某种意义上说，确实也是诸葛亮的一种自我展示"行"的过程，诸葛亮巧妙地借助了所有可以借助的人，可以借助的力量，以出人意料又在情理之中的方式向刘备展示了自己的"行"！[①]所以正是包括但不限于上述这些做法，使得

[①] 梅琳：《传播学中"传播"的历史解读——以"三顾茅庐"为例》，《文史杂志》2023年第5期。

刘备见到诸葛亮立刻惊为天人，再加上诸葛亮精心准备了一篇《隆中对》，所以刘备才感慨"孤之有孔明，犹鱼之有水也"！通过对于很多人都耳熟能详的"三顾茅庐"的故事的另类解读，确实验证了我们前面所说的一个人的德行是否能够无远弗届，往往确实是需要借助上面所说的"四行"作为基础和前提的！

第十八章 任重道远

第一节 「任重道远」——一个出自一身系儒家生死存亡者之口的成语

"任重道远"也是一个成语,原意是指"担子沉重,路程遥远",后用来"比喻责任重大而艰巨"。[①]有人说,"任重道远"是一个出自一身系儒家生死存亡者之口的成语。看到这里,可能有的读者朋友忍不住就要吐槽了:有没有搞错,纵观中国封建社会2000多年的时间,儒家是唯一一直占据主流地位的主流学派,是一个庞然大物般的存在,怎么会有生死存亡的问题呢?甚至有传说,清代的乾隆皇帝在为自己的女儿寻找门当户对者出嫁的时候,选来选去,最后选择的上上之选也只有远在山东的儒家创始祖师孔子的后代![②]没错,您说的都有道理,但这只是后来的情况,在最早,儒家是并没有那么阔气的!且不说早在秦朝,秦始皇就已经搞过焚书坑儒,到了西汉开国时期,汉高祖刘邦更是曾经往儒生的帽子里边撒尿,这还是对于成长期的儒家而言,在儒家的早期更是差一点就被扼杀在了萌芽状态!据说孔子逝世以后,孔子的弟子们因为孔子的学生有若长得像孔子,所以就想撇开老师,尊奉有若为老师!

---

① 《成语大词典》编委会:《成语大词典》,商务印书馆国际有限公司2013年版,第895页。

② 孔勇:《"夫人"何以成"公主"?——"乾隆公主嫁孔府"说及相关问题新辨》,《清史研究》2017年第4期。

早在临终之前孔子就已经意识到了问题的严重性，所以他要想方设法为自己的后代寻找一个监护人和导师，选来选去，最终选中了一个人，这个人不是别人，正是我们本讲的主人公曾子。曾子名参，字子舆，他比孔子小46岁。孔子为什么会选中曾子作为其后代的监护人和导师呢，这可能和曾子的一些事迹有很大的关系，曾子这个人有几个特点，特点之一是特别讲究自我修养，每天都反省自己在这一天的所作所为，我们今天所熟悉的"三省吾身"就出自他之口。原文是"吾日三省吾身"，除了特别善于反思自己，曾子还有两大突出特点，一个是特别孝顺父母，传统的"二十四孝"里有一个"啮指痛心"说的就是曾子孝顺母亲的故事；曾子的另外一个特点就是他特别讲究诚信，就是言必信行必果。大家都熟悉的"曾子杀猪"的故事就是这方面的一个明证。正是包括但不限于上述这些原因，孔子才在众多的弟子中选中曾子来做自己唯一的后代孔思的监护人和导师。大家都知道，孔子一生只有一个儿子，叫作孔鲤，孔鲤很早就去世了，孔鲤的儿子叫孔思，这可是三代单传啊！孔子选定曾子来做孔思的监护人和导师，肯定是经过深思熟虑的。为了让老师放心，所以曾子留下了不少名言，比如，"可以托六尺之孤，可以寄百里之命，临大节而不可夺也"，再比如"士不可以不弘毅,任重而道远。仁以为己任,不亦重乎?死而后已,不亦远乎",等等。这些话简直就是委婉地告诉孔子,自己完全值得信赖("可以托六尺之孤"),而且志向远大("仁以为己任,不亦重乎?死而后已,不亦远乎?")!曾子是这样说的,更是这样做的。在孔子去世之后,他一心一意地教导孔子的唯一后代孔伋,使得他健康快乐成长,后来,孔伋又收了一个弟子,这个弟子姓孟,名轲,没错,就是孟子。正是因为有了子思,才有了孟子,而正是因为有了孟子,孔子开创的儒家学派才能够在其后的2000多年的时间,在中国社会历经各朝各代而巍然耸立绵延不绝,[①]所以从这个意义上说,曾子确实一身系儒家生死存亡!正是因为曾子有崇高的地位,所以他说过的一些话才会和孔子的言论一起被收入到原本是记录孔子言行的《论语》之中,成为滋养无数中国人的精神食粮,"任重道远"就是曾子说过的一句非常有名的话语,其不仅进入到成语宝库,而且留给今天的我们以很多的启示。

[①] 宋立林:《子思生卒及师承考述》,《人文论丛》2018年第1期。

第二节

公孙杵臼为什么会对程婴说"子强为其难者,吾为其易者"？任重道远,首先需要的是忍常人所不能忍

太史公司马迁在其千古名篇《史记》中记载了这样一个故事,故事说的是春秋时期有一个叫作赵朔的晋国贵族,因为受到奸臣屠岸贾的陷害,被满门抄斩,整个家族几乎无一幸免,唯一幸免于难的,是赵朔当时已经身怀六甲的妻子。赵朔的妻子之所以幸免于难,并不是因为那个大奸臣屠岸贾像现代人那样实行什么人道主义,而实在是因为赵朔的这位妻子身份比较特殊,乃是国君晋成公的姐姐。但是,本着斩草必须除根的心理,屠岸贾时刻紧盯着赵朔的妻子即将产下的婴儿,不管是男婴还是女婴都必将其置之死地而后快！为了保住赵朔这位主公的一点血脉,赵朔的两个家臣公孙杵臼和程婴决定挺身而出,挽救当时还没有出生的赵氏孤儿。经过一番商量之后,公孙杵臼对程婴说了自己的计划,核心有这样一句话,叫作"子强为其难者,吾为其易者"！这个计划是这样的：公孙杵臼先带着自己刚刚出生的儿子假扮成是赵氏孤儿躲到山里边,然后让程婴到屠岸贾那里去告发他,通过这种调包的方式牺牲自己的儿子保住那位赵氏孤儿。这样做的结果肯定会使得屠岸贾将公孙杵臼连同他的亲生儿子一起杀死,所以程婴很不落忍。但是,

公孙杵臼却成功地说服了程婴，①之所以能够说服程婴，这里面可能就涉及对于"难"和"易"的判断问题。在后世的很多人看来，人最难的事情就是面对死亡，所以王羲之才在《兰亭集序》中说，"死生亦大矣，岂不痛哉"！但是，公孙杵臼却对程婴说，还有比死更难的事！这就是为了一个崇高的目的忍辱负重活下去！平心想来，程婴确实非常不容易，要想完成使命，他就必须至少要过以下这四关：第一关是"友情关"。春秋时期还没有大规模地礼崩乐坏，那个时代的人，为朋友可以两肋插刀，而不是像后世的某些人那样为了自己的一己私利，可以往朋友的两肋插刀！身为公孙杵臼的好朋友，程婴如果去告发公孙杵臼，是很难过"友情"这一关的。第二关就是"名誉关"。古人是非常重视自己的名声的，所谓"爱惜羽毛"说的就是这个意思，可以想象，如果程婴去向屠岸贾告发公孙杵臼，肯定会使他背上"卖主求荣、卖友求生"的恶名，这一关也是很难过的。第三关就是"婴儿抚养关"。就算是前边两关

---

① 武国强、徐国生：《"赵氏孤儿"故事流变之我见》，《湖北开放职业学院学报》2021年第14期。

过了，要把那位不被允许活着的赵氏孤儿抚养大，确实还充满了很多不确定性，因为这需要一个漫长的时间，在这段漫长的时间里会发生什么谁都不知道。第四关就是"成功复仇关"。就算是前面三关都过了，如何能够帮助长大成人的赵氏孤儿报仇雪恨，这也充满了相当大的不确定性！所以考虑再三，程婴决定按照公孙杵臼的约定，告发了公孙杵臼，从此背上了为当时的人们所不齿的"卖主求荣、卖友求生"的恶名，其后，近20年的时间里他含辛茹苦、忍辱负重，将赵氏孤儿抚养成人，然后又在一个叫韩厥的大臣的帮助下，成功地除掉了屠岸贾，使得赵氏家族得以沉冤昭雪，最终成为战国七雄之一的赵国的祖先，而程婴也在赵氏沉冤得到昭雪之后慨然自杀！① 并且以一介平民之身份，于南宋淳祐二年被宋理宗追封为忠济王！纵观这段历史，我们不难发现，"任重道远"绝不仅仅是嘴上说的那么简单，它需要相关践行者，要忍常人之所不能忍，为常人之所不能为，所以古人才会说"慷慨杀身易，从容就义难"！

---

① 武国强，徐国生：《"赵氏孤儿"故事流变之我见》，《湖北开放职业学院学报》2021年第14期。

第三节

多才多艺的唐伯虎为什么会在当时名满天下的宁王府装疯卖傻？任重道远，还需要辨常人所不能辨，站在历史正确的一边

唐伯虎这个名字很多人可能都是从很多年前一部电影《三笑》而熟悉的，《三笑》这部电影讲述的是作为风流才子的唐伯虎为了抱得美人归而装疯卖傻，甚至自降身份，假扮成书童来到美人所在的太师府，最后借助好友祝枝山的帮助，抱得美人归的故事。"三笑点秋香"当然只是一种虚构！不过在真实的历史上，唐伯虎确实曾经自降身份装疯卖傻过。与电影《三笑》中装疯卖傻的目的不同的是，真实历史上的唐伯虎装疯卖傻，自降身份，却与美人没有一毛钱的关系！那他装疯卖傻的目的究竟是什么呢？要回答这个问题，还得从唐伯虎的身世和追求说起。唐伯虎本名唐寅，"伯虎"只是他的字，清代著名学者钱大昕曾经用十个字来评价他"土木其形骸，冰雪其性情"，他与祝允明、文徵明、徐祯卿一起被称为"吴中四才子"，用今天的话说属于"学霸"兼"文豪"式的人物，在其所生活的时代享有盛名，在科举考试高手如林的江南他十六岁时参加苏州府试获得第一名的好成绩，二十八岁时参加南直隶乡试再次获得第一名的好成绩，可惜，天妒英才，弘治十二年也就是公元1499年，他却被卷入一场所谓的"科场舞弊案"

而被取消了参加科举考试的身份,①就在唐伯虎感到前所未有的人生失意之时,有一个不寻常的人向他伸出了常人难以拒绝的橄榄枝。这个不寻常的人名叫朱宸濠,之所以说他不寻常,因为他是大明的宁王,与其他藩王往往对朝廷感恩戴德有所不同,历届宁王其实都觉得朝廷和皇帝对他们有所亏欠。事实也的确是如此,当年第一代宁王朱权,原本小日子过得很好,却被野心勃勃的四哥燕王朱棣用不光彩的手段夺了兵权,绑上了造反的战车,在没有成事之前,朱棣信誓旦旦地对当时的宁王朱权做过把他封到一个富饶之地的许诺,但是一旦登上皇帝宝座之后就食言而肥,没有兑现自己的承诺,而是将朱权封到了当时还很偏僻的南昌,在这种情况下,从第一代宁王开始,历代宁王肯定在心里边都对朝廷有所不满,这种不满的情绪到了朱宸濠这一代达到了高潮!在朱宸濠的心中,可能一直都非常推崇《西游记》中孙悟空说过的那句话,"皇帝轮流做,明年到我家"!在他看来,都是太祖高皇帝的子孙,凭什么像当时

---

① 山柏:《风流才子唐伯虎梦断科场舞弊案》,《公民与法(综合版)》2022年第11期。

的皇帝朱厚照这样不靠谱的人，都能够坐在紫禁城的九五之尊宝座上人五人六的，而我为什么不能？！正是本着这种心理。所以，朱宸濠四处网罗人才，当时他先后用重金吸纳了李士实、刘养正等人，但是这些人无论在自身的水平还是知名度方面，尤其是后者，都不能与唐伯虎相比。李士实只不过是一个退休的前官员，而刘养正只不过是一个举人而已，唐伯虎如果没有被卷入所谓的"科场舞弊案"肯定是妥妥的进士，甚至成为状元也不是不可能，正是基于这种考虑，朱宸濠不惜花重金向唐伯虎这位大才子伸出了橄榄枝。这样的橄榄枝在很多人看来是难以拒绝的，因为当时的唐伯虎在"科场舞弊案"之后已经没有机会再去走通过参加进士考试博取功名富贵的那条路，而他出身也并不富裕，一旦投到了朱宸濠的门下，可以说是荣华富贵，唾手可得。一边是前途无量，一边是前途无"亮"，傻子才会拒绝呢！但唐伯虎却不是一般的人，因为他发现朱宸濠有造反的打算，而当时的朝廷刚刚平定了远在宁夏的一个藩王安化王朱寘鐇之乱，连宁夏那么偏远的地方，造反都被迅速平定，死心塌地地跟在朱宸濠后面从事造反这种"高危行动"那才是傻子呢！所以他不惜自降身价，通过装疯卖傻，全身而退，成功地避免被卷入到被祸灭九族的造反漩涡当中，[①]可以说这个时候的唐伯虎，的确做到了辨常人之所不能辨，远远超过了以前的都御史李士实和同为举人的刘养正，确实是选择站在了历史正确的一边，这也使得他能够以有用之躯"蔑千驷以若浼，拥万卷而自荣"，成为一代书画宗师！唐伯虎的这个真实的故事告诉我们，除了需要忍常人所不能忍之外，"任重道远"还要辨常人之所不能辨，站在历史正确的一边，这才是"任重道远"的正确打开之道。

[①] 王小波：《历经坎坷后的创作——唐寅》，《明日风尚》2023 年第 6 期。

第十九章
愚公移山

第一节 "愚公移山"——一个在重大历史关头被伟人用作"红色动员令"的成语

"愚公移山"也是一个成语，"比喻以顽强的毅力和不怕困难、人定胜天的斗争精神去征服自然，改造世界"①。有人说，这是一个在重大历史关头被伟人用作"红色动员令"的成语，这是怎么一回事呢？我们不妨先来看看这句话中涉及的几个关键词，这里所说的"重大历史关头"指的是1945年，在那一年的6月，中华民族经过十几年的浴血奋战所进行的抗日战争即将取得伟大胜利，长期困扰中华民族的外患即将被扫平，但是内忧却非常现实地凸显出来，当时的中国可谓是面临两条道路的抉择，一条道路是以蒋介石为首的代表帝国主义、封建主义和官僚资本主义的国民党反动派，他们要走的是要消灭中国共产党和一切民主党派，实行国民党一党独裁统治的道路；另外一条路则是以毛泽东为代表的代表了全中国最广大人民群众根本利益的中国共产党，要带领全国人民走的以工农联盟为基础的新民主主义、社会主义道路。在当时绝大多数西方发达国家，尤其是美国，还是非常看好蒋介石和他所代表的那

---

① 《成语大词典》编委会：《成语大词典》，商务印书馆国际有限公司2013年版，第1364页。

一条道路的，在抗日战争中、后期，尤其是抗日战争即将取得全面胜利的情况下，美国政府动用大量战略资源将国民党的几百万军队武装到牙齿，全部改换成了美械装备，而且蒋介石当时还是"中华民国"的最高首脑，而中国共产党这一边，虽然较抗战前，革命力量有了很大的发展，但是，无论是在所占地区规模，还是总兵力，总人口方面，都是没有办法和以蒋介石为首的国民党相比的。更要命的是，很多人心目中都想当然地以为应当成为中国共产党的同志和靠山的苏联共产党及其领导人，却对于中国共产党要选择的道路持怀疑甚至否定态度，他们甚至不惜施压中国共产党交出武装去走蒋介石划定的道路！

在这样的重大历史关头，以毛泽东同志为代表的中国共产党的第一代领导集体审时度势，居高望远，于1945年4月23日至6月11日在延安召开了党的第七次全国代表大会，在这次会议上，毛泽东同志居高望远地做了一个闭幕讲话，在闭幕讲话中，他引用了2000多年前出现在《列子·汤问》中的"愚公移山"这个成语，用来作为向全党、全军、全国各族人民发起的"红色动员令"，他说"中国古代有个寓言，叫作'愚公移山'，现在也有两座压在中国人民头上的大山，一座叫作帝国主义，一座叫作封建主义。中国共产党早就下了决心，要挖掉这两座山。我们一定要坚持下去，一定要不断地工作，我们也会感动上帝的。这个上帝不是别人，就是全中国的人民大众。全国人民大众一齐起来和我们一道挖这两座山，有什么挖不平呢？"[1]在这里，毛泽东同志巧妙地借助先秦时期问世的"愚公移山"这个成语，意在号召动员全党带领人民挖山不止，挖掉帝国主义和封建主义这两座山，可谓是活用经典的典范，这个"红色动员令"，应当说从某种意义上来说，对于号召中国共产党人在其后的三年解放战争中，以弱胜强，以少胜多，最后打败了国民党，把蒋介石赶到了孤岛上起了相当大的作用，今天我们重温这个成语，既可以想象到当年前辈创业艰难百战多的筚路蓝缕，更可以从中领悟到很多宝贵的启示。

---

[1] 田雪鹰：《毛泽东〈愚公移山〉一文诞生记》，《党史博采（纪实）》2015年第3期。

第二节

苏武和李陵为什么一个名垂千古，一个却饱受诟病？愚公移山，首先需要的是弘扬一种精神

　　苏武和李陵都是汉朝有名的历史人物，为什么他们两个人一个名垂千古，一个却饱受诟病呢？这其中的原因有很多，很重要的一点就是在面对常人难以想象和承受的生与死这座"大山"面前，一个毅然选择做了挖山不止的"愚公"，而另外一个则是选择了做逃避危险的小丑般的"智叟"！为了理解这句话，我们不妨和读者朋友一起看一下这两个人是怎样面对常人难以想象和承受的死亡这座"大山"的。毋庸讳言，死亡乃是一大恐惧，尤其是在有生的希望的时候，依然选择"舍生忘死"这对于许多人来说都是一个巨大的考验，而一而再、再而三地"舍生忘死"，很多"精致的利己主义者"肯定而且确定都会觉得这样的人是不是傻？！或者用"愚公移山"这则寓言里面的话语加以表述就是是不是太"愚"了？！苏武就是这样的"傻子"！而且这样的"傻子"他当了不止一次，这是怎么一回事呢？不妨看一下那段历史，汉武帝天汉元年也就是公元前100年的时候，苏武奉汉武帝之命以中郎将的身份去出使匈奴。这原本是一趟并没有什么挑战和风险的外交旅行，但却因为苏武此行的助手张胜卷入了匈奴内部的一场叛乱，而使得苏武受到了无故的牵连，匈奴首领且鞮侯单于平定了内乱之后，

气势汹汹地以死亡相威胁，逼迫苏武投降匈奴，这个时候的苏武突然面临一座常人难以想象和承受的死亡考验的"大山"，是舍生忘死当"傻子"式的"愚公"，还是像苏武此行的助手张胜那样当一个小丑般的投降"智叟"，苏武毅然决然地选择了前者！有人说，死过一次的人往往害怕第二次死亡的威胁，而苏武却马上又面临第二次威胁，在胁迫苏武投降不成之后，匈奴首领且鞮侯单于仍然不死心，继续逼迫苏武投降，苏武也因此再一次面临死亡考验这座大山的威胁和考验，而他再一次选择了当挖山不止的"愚公"，恼羞成怒的匈奴单于派人把他押送到了北海，也就是今天的俄罗斯境内的贝加尔湖一带，让他到那里去放羊，并且丢下一句狠话说，除非你放的羊里边的公羊能够产下小羊羔儿，你才有机会被释放，在荒无人烟，非常寒冷的北海，苏武整整坚持了19年，一直坚贞不屈，最后因为一个非常偶然的机会，被汉昭帝派使者向匈奴单于索要才得以回国，[①]虽然回国之后苏武受到了当时的人们和以后历朝历代中国人的大力推崇，并且留下了包括但不限于"苏武牧

---

① 苏雪影：《浅析苏武对卫律和李陵劝降的态度》，《语文教学与研究》2014年第4期。

羊"在内的这样的成语典故，但是，在公元前100年以及以后的十几年里，苏武可是没有想到会有风风光光的那一天，可以说，没有那十几年面对常人难以想象和承受的死亡威胁这座"大山"而"挖山不止"当"愚公"，就不会有后来万众敬仰的苏武！用知名作家萨苏先生的话说，"尊严不是没有代价的"！我们不妨再来看一下李陵。和苏武出身于一个官宦世家一样，李陵也同样出身于一个官宦世家，他的祖先甚至比苏武的祖先还要有名，因为他的爷爷是著名的飞将军李广。长大成人之后李陵也继承了祖父的武艺，先后担任过侍中建章监、骑都尉等职务，就在苏武出使匈奴的第二年，也就是公元前99年李陵率领5000名士兵北上攻击匈奴，战败被俘，①这个时候他像曾经的好朋友苏武一样面临着常人难以想象和承受的死亡威胁这座"大山"，这个时候的他至少可以有三种选择，一种是像苏武那样舍生忘死，另一种是贪生怕死，还有一种是佯死求生，这可不是笔者在这里胡言乱语，因为就在李陵出事之前的30年，也就是公元前129年，他的爷爷李广也曾经战败被俘，但

---

① 冉翰：《李陵与李陵之案》，《烟台大学学报（哲学社会科学版）》1988年第3期。

李广却偷死求生，后来继续领兵打击匈奴，被朝廷任命为右北平郡太守，匈奴畏之如虎，称他为"飞将军"！行文至此，笔者突然想到一句话："爷爷再怎么也是爷爷，而孙子就是孙子！"李陵选择了当"孙子"——投降匈奴，尽管有很多人为他洗白，但是，从民族气节的角度来看，李陵不管怎么说都是有污点的！这可不是我的一家之言，您若不服，不妨引两段话："李陵罪在偷生日，苏武功成未死时"，"李陵之降也，罪较著而不可掩。（司马）迁之书，为背公死党之言，而恶足信哉？为将而降，降而为之效死以战，虽欲浣涤其污，而已缁之素，不可复白，大节丧，则余无可浣也！"[①]说这两段话的人，一位叫文天祥，一位叫王夫之，都是响当当的令绝大多数中国人点赞的伟人，如果连他们的话您都不服，那算我没说！回望那段历史，掩卷而思，苏武和李陵为什么一个名垂千古，一个却饱受诟病？用我们本节的话语加以阐述的话，那就是愚公移山，首先需要的是弘扬一种精神！

---

① 文玲：《论王夫之的"忠君"思想》，《教师》2015年第20期。

第三节

伍连德博士为什么能战胜那场蔓延东北全境的大瘟疫？愚公移山还需要科学的方法

　　1910 年，英国剑桥大学毕业的伍连德博士突然接到友人施兆基的邀请，邀请他前往中国东北，这可并不是要他到那里去游山玩水，而是要他完成一项常人难以完成的工作，那就是想方设法扑灭当时在东北正开始蔓延的大瘟疫。有人说。施兆基交给伍连德博士的这项工作，从某种意义上说，不亚于是让他当"移山"的"愚公"。这话说得还真有一些道理！当时的伍连德博士至少需要挖掉五座大山：第一座需要挖掉的大山就是这场鼠疫的传染途径之"大山"。当时人们已经把这场瘟疫定性为鼠疫，并且想当然地认为鼠疫就是由老鼠传染给人的，基于这种认识，所以当时采取的应对策略除了灭鼠外无非就是对瘟疫患者进行一些消极性的治疗，然后，把因为鼠疫而去世的人的尸体拉到城外掩埋。当时很多家庭为了省事，所以就把已经去世了的亲人的尸体放到屋外没有采取任何隔离措施，而那些负责掩埋尸体的人也丝毫没有想到人有可能是鼠疫的传播媒介，这种抓不到本质的应对当然是隔靴搔痒，无济于事。到了东北之后，伍连德博士很敏感地注意到了鼠疫的传染途径这个问题，他想要搞清楚鼠疫是不是有别的传播途径，为此，他专门解剖了一具嫁给当地人的一个因鼠疫而死的日本女人的尸体，通过人体解剖得出的结论是，这场鼠疫就是通过人际传播的。但是，这座"大山"他却很难挖掉，因为，这时候他马上遇到另外一座"大山"，那就是学术"大山"。这话是什么意思呢？因为此前人们公认的亚洲鼠疫病防治的专家是一个日本人，此人叫作北里柴三郎，2019年版的1万日元纸币上面分别印有三个日本人的人物肖像，其中之一就是这位北里柴三郎，即使是在当时的日本乃至亚洲，北里柴三郎也都是一个响当当的存在，他和他的学生以及一名叫作梅斯尼的法国医生都坚持认为鼠疫是老鼠传染给人的，人和人之间没有传染鼠疫的可能。伍连德博士提出鼠疫是通过人际传播的说法，明显是在和北里柴三郎及其学生以及法国医生梅斯尼对着干，在"月亮都是外国的圆"的当时，这座学术"大山"想要挖掉，谈何容易！就在伍连德博士想方设法通过自己的科学实验，挖掉了包括但不限于北里柴三郎及其学生以及法国医生梅斯尼等在内的洋人的这座学术"大山"之后，他马上又面临着一座新的"大山"，这就是外交"大山"，因为在信奉"强权即真理"的当时，学者的作用远不如大炮好使，而要彻底断绝鼠疫的传染源，就必须采取严格彻底的隔离措施，而当时作为那场鼠疫的发源地之一的哈尔滨，却住有很多外国人，特别是当时的沙皇俄国人，除了俄国人之外，当时生活在东北南部的还有所谓"关东州"的日本人，倘若他们不配合的话，那么这场鼠疫攻坚战能不能成功真的非常难说。在这种情况下，伍林德博士又和他的好朋友时任外务部右丞的施兆基一起纵横捭阖，用科学的方式反复游说沙俄和日本以及其他西方列强，最后终于征得了他们的同意，才最终挖掉了这座外交的"大山"，然后在此基础上又先后挖掉了属于预防的隔离"大山"和属于治疗及善后的"大山"，最后终于将这场令很多外国人都谈之色变的鼠疫全部扑灭。①一代学术大师梁启超先生曾经为伍连德博士点赞说，"科学输入垂五十年，国中能以学者资格与世界相见者，伍星联（即伍连德—引者注）博士一人而已"。伍连德博士以他的努力确实赢得了国际科学界的尊敬，他本人也因之在1935年获得诺贝尔生理或医学奖候选人的提名，②就连我们上文提到的那位北里柴三郎，也不得不把"东方巴斯德"的称号赠给了伍连德！伍连德博士在鼠疫防治过程中挖掉那几座"大山"的经历。从一个侧面告诉我们，愚公移山没有不惧艰难困苦的精神是不行的，但仅有那种精神又是不够的，必须辅之以科学的方法进行加持，这才是理解愚公移山的全面而准确的打开方式！

---

① 杜可军等:《伍连德抗击鼠疫经验及其对当代突发传染病防治启示》,《空军军医大学学报》2023年第3期。

② 孙大光:《与诺贝尔奖"擦肩而过"的中国人——记中国现代防疫事业的先驱伍连德博士》,《侨园》2022年第12期。

第二十章 海纳百川

第一节 "海纳百川"——一个有可能和林则徐的名字有关的成语

"海纳百川"广义上说也是一个成语，意思原本是指大海容得下众多江河水，后来多用于比喻人的心胸非常宽广。有人说"海纳百川"是一个有可能和林则徐的名字有关的成语。看到这里，可能较真儿的朋友忍不住就要吐槽了，"海纳百川"怎么会和林则徐的名字有关呢？难道林则徐的名字里有"海纳"或者"百川"吗？这个问题提得好，要回答这个问题，我们首先就要从中国古代传统文化取名的"游戏规则"说起，在中国古代父母或长辈给男孩子取名的时候，一般来说，如果名字是三个字的，倘若这个男孩有兄弟，那么兄弟之间至少其中有一个字应该是相同的，比如说，李鸿章的哥哥叫李瀚章，他们两个的名字中都有一个"章"字；再比如说，曾国藩和曾国荃，他们两个的名字中间都有一个"国"字，那么林则徐有没有兄弟呢？当然有，他的哥哥叫林鸣鹤，兄弟两个除了都姓林之外，名字里面没有一个字是相同的，但他们俩却确实是亲兄弟，于是乎问题就来了，林则徐的父亲林宾日虽然一生没有做过官，但也是读书人出身，他为什么给自己的二儿子取名"林则徐"呢？要回答这个问题，首先要与读者朋友一起重温一个古汉语知识。在古汉语语法中，"则"原本是个名词，但是在

"林则徐"这个名字里边它其实是被当成动词,叫作"意动用法",就是"以谁为榜样",或"以什么为准则"的意思。"以谁为榜样"呢?很明显是以后边的那个"徐"。那么这个"徐"究竟是指谁呢?以往有三种说法,一种是指当时的福建巡抚徐嗣曾,还有一种说法是南北朝时候南朝的才子徐陵,还有一种说法说是林则徐"生于徐氏",就是他原本姓徐,所以叫林则徐,[①]这三种说法似乎都有些道理。根据笔者掌握的资料,笔者认为,这个"徐"可能既不是徐嗣曾,也不是徐陵,更不是"生于徐氏"的那个"徐",而是一个叫作徐邈的人,此人先后在曹操、曹丕、曹叡、曹芳祖孙四代手下担任过丞相军谋掾、奉高县令、尚书郎、陇西太守、谯国相、安平太守、颍川典农中郎将、抚军大将军军师、凉州刺史、使持节,领护羌校尉、大司农、司隶校尉、司空等职务,任职期间颇有建树,曹魏帝国第三位皇帝曹芳称赞他"历任四代,率兵出讨,辅佐朝政,忠心为公,忧国忘私,不营家产,身死之后,家无余财",好巧不巧的是,此人逝世之后朝廷赠予的谥号为"穆",而林则徐则字"少穆",此人算得上是三国时代曹魏帝国的一

---

① 徐立亭主编,薛桂芬著:《晚清巨人传——林则徐》,哈尔滨出版社1996年版,第5-10页。

个有名的大臣，东晋文学家、史学家袁宏在撰写《三国名臣颂》时对他有四个字的评价，叫作"方寸百川"，[1]学术界公认这个"方寸百川"就是我们今天说的"海纳百川"这个成语的由来，那么这个"方寸百川"，也就是"海纳百川"与林则徐有什么关系呢？我们注意到林则徐一生都一直将"海纳百川，有容乃大"作为自己的座右铭，林则徐这么喜欢"海纳百川，有容乃大"，从某种意义上是不是和他名字中的那个"徐"有关呢，倘若是的话，那么我们是否可以就此认为他名字中的"徐"就是三国时代非常有名的和诸葛亮、周瑜等人齐名的那位徐邈徐景山呢？这可能是一个有意思的推理，是否成立，我们这里不做结论，但是至少从上述故事中我们能够发现一点，那就是我们今天通常所说的"海纳百川"，最早其实并不叫"海纳百川"，而是叫"方寸百川"的，而且这个"方寸百川"是一个与一个名叫徐邈的人有关，后者不仅给我们留下了他和林则徐名字之间的这种扑朔迷离的关系，而且由其衍生出来的"海纳百川"所包含的深刻含义也留给今天的我们以很多的启示。

---

[1] 宋秀丽：《〈晋书·三国名臣颂〉赞语分属识误》，《贵州大学学报（社会科学版）》1992年第4期。

第二节 隋炀帝为什么没有走出"二代覆灭"的怪圈

中国历史上有一个很有意思的现象，那就是有不少封建王朝往往是"其兴也勃焉，其亡也忽焉"，很多都是在二代而亡，或者实际上在第二代的时候就已经亡国了，比如说秦朝，再比如说刘备创建的蜀汉帝国，当然从某种意义上也包括司马氏父子创建的西晋帝国和隋文帝杨坚创建的大隋帝国，因为这两个封建王朝也都是在第二代的时候就实际上已经亡国了。尽管西晋二代以后还有所谓的晋怀帝司马炽和晋愍帝司马邺，隋朝二代以后还有隋孝成帝杨昭和隋恭帝杨侑、隋废帝杨浩和隋恭帝杨侗，但是那几个人实际上都是傀儡而已！笔者当年曾经在《老子英雄儿好汉？中国历史上的第二代现象》一书中探讨过"二代现象"出现的原因，这里不再赘述，有兴趣的读者朋友可以参考那本书。记得俄罗斯大文豪托尔斯泰曾经说过，"幸福的家庭都是相似的，不幸的家庭各有各的不幸"！纵观中国历史上作为"亡国之君"的第二代封建帝王，他们确实并不是完全相同的，像秦二世胡亥、蜀汉后主刘禅、西晋帝国的第二代皇帝晋惠帝司马衷等，都是属于"长在深宫之中，养于妇人之手"，含着金钥匙出生的公子哥，在他们的手里断送了父辈们创建的封建王朝还可以理解，而隋炀帝杨广却与他们有着相当大的不同。他虽然也是出身帝王之家，但是却确确实实有自己的文治和武功。他曾经在父亲杨坚的支持下，率领几十万大军灭掉了长期与隋朝对抗的陈国，完成了大隋帝国的统一大业，而且他还搞了中国历史上在当时最大的一个"南水北调"工程，就是挖掘大运河，在文治方面，他也颇为自诩，很多喜欢唐诗的朋友估计都喜欢初唐诗人张若虚的那首《春江花月夜》，对于其中的"江畔何人初见月，江月何年初见人"激赏不已，其实，隋炀帝杨广也写过《春江花月夜》，而且还是两首，其一是，"暮江平不动，春花满正开。流波将月去，潮水带星来"。其二是，"夜露含花气，春潭漾月晖。汉水逢游女，湘川值两妃"，[1] 这比起后世军阀张宗昌写的泰山诗"远看泰山黑糊糊，上头细来下头粗。如把泰山倒过来，下头细来上头粗"不知道要强过多少倍！他曾经不无得意地说："人们都认为我是靠父祖的原因当上的皇帝。其实即使让我同士大夫比试才学，我也还是天子。"但是，尽管隋炀帝杨广自视甚高，他也仍然没有走出"二代覆灭"的怪圈，这又是为什么呢？

---

[1] 宋前进：《〈春江花月夜〉外传》，《作文》2017年第3期。

成语大『观』

成语中的人生启示

有人说，杨广之所以一把好牌打得稀烂，就在于他劳民伤财、穷兵黩武！这样说固然有一定道理，但并不是全部的原因。笔者认为，杨广之所以没有走出"二代覆灭"的怪圈，其中很重要的一个原因就是和他的心胸不够宽广，没有做到"海纳百川"有很大的关系，这一点可以从他对待薛道衡的态度和处理方式上能够看得出来。薛道衡是隋代著名的文学家，此人也算是名门之后，他的爷爷薛聪和父亲薛孝通，先后担任过车骑大将军、仪同三司，他所写的诗文深受当时人的喜爱，隋炀帝原本对他并没有多少芥蒂，但是因为有一次一起作诗的时候，薛道衡写了一首大家公认为第一的诗歌，而隋炀帝虽然贵为九五之尊，但是却没有获得第一的这种尊敬，这让他非常嫉妒，再加上薛道衡曾经写过一篇赞扬杨广的父亲隋文帝杨坚的文章，也被隋炀帝杨广诬陷是通过赞美先帝来贬低他这个当今皇帝，结果就随便找了个理由将薛道衡判处死刑。据《隋唐嘉话》记载，临刑前，隋炀帝杨广还专门来到薛道衡所在的死囚牢房，充满恶趣味地问他，"更能作空梁落燕泥否"？[①] 上述这个故事并非

---

① 孔庆芝：《"空梁落燕泥"与薛道衡之死》，《兰台世界》2006年第11期。

笔者八卦，而是实实在在地被记载在真实的历史里。这个故事虽小，但却从一个侧面折射出杨广此人的胸襟确实不够宽广！俗话说，没有比较就没有伤害，和杨广同为第二代皇帝的唐太宗李世民在面对魏征这样曾经与他死磕的敌对阵营骨干的时候，却能够屡屡忍受魏征的犯言直谏。所以，李世民能够成为千古一帝，而隋炀帝却为后人所耻笑！

第三节 诸葛亮为什么要把李严贬为庶人

蜀汉帝国章武三年也就是公元223年，刘备在白帝城去世，去世之前曾经把两个人叫到病榻之前，对他们进行临终托孤，这两个人就是托孤大臣，一个是诸葛亮，另外一个叫作李严。看到这里，可能有朋友忍不住就要提出问题了，说为什么同样是托孤大臣，人们至今仍然记得诸葛亮，并且不断为他点赞甚至顶礼膜拜，而很少记得还有一个李严？难道这个李严是一个草包吗？答案当然是否定的，如果承认李严是一个草包，那不仅是对历史的不尊重，而且也侮辱了刘备的智商。事实上，李严不但不是草包，而且还是一个大能人，他曾经先后获得荆州牧刘表和益州牧刘璋以及蜀汉帝国开国皇帝刘备等的器重，可谓是"文武全才"，文的方面，他曾经和诸葛亮等人一起制定了奠定蜀汉帝国法律基础的《蜀科》，先后担任过秭归县令、成都县令、犍为太守、尚书令等职务；武的方面，他曾经率领临时组建的军队平定了盗贼马秦、高胜等的叛乱，汉献帝建安二十四年也就是公元219年秋，他更成为向当时的汉中王刘备上《劝进表》的11位领衔人物之一。看到这里，可能有的朋友忍不住又要吐槽了，既然这么有能耐，为什么没有留下好名声呢？这里面的原因当然有很多，并不具备海纳百川的胸怀可能是其中很重要的一个原因。在担任太守期间，他容不下郡功曹杨洪，只是因为后者不赞成他动用公款给自己修建大房子，担任江州都督以后，他又容不下属下牙门将王冲，逼得后者只好远走他乡！对于李严的这些毛病，诸葛亮都是看在眼里的，也都采取了包容的态度。看到这里，可能有的朋友忍不住又要吐槽了：既然对李严包容，那为什么到了后来诸葛亮要把李严一撸到底，贬为庶人呢？在笔者看来，诸葛亮之所以把李严贬为庶人，是因为后者碰触了蜀汉帝国国家基本利益的底线，或者叫红线，这就是北伐，即诸葛亮和刘备一直坚持的"兴复汉室，还于旧都"！话还得从蜀汉帝国建兴九年也就是公元231年说起，那年春天，诸葛亮率领军队北伐，兵出祁山，让李严负责督运粮草。比起前线的枪林弹雨，督运粮草实在是一件既轻松又没有什么危险的活，可关键时刻，李严却掉了链子，不仅没有及时供应前线粮草，而且还四处造谣动摇军心，直接导致诸葛亮无功而返！在此前的建兴四年也就是公元226年，和建兴八年也就是公元230年，诸葛亮一直想要率军北伐，李严却老是推三阻四，向诸葛亮伸手要官，不仅给他自己，而且还给他的儿子要官，逼迫诸葛亮封他为骠骑将军，封他儿子李丰接替督江州防务，对于这些，诸葛亮都忍了，但是谎报军情，动摇军心，断绝军粮，导致蜀汉帝国数年心血毁于一旦，这实在是可忍孰不可忍？！忍无可忍，绝不再忍，所以诸葛亮才向后主皇帝刘禅上表，坚决要求免去李严的所有职务，把他一撸到底，贬为庶人。[①]明了那段历史，我们就会发现，诸葛亮的包容与坚守，不触及国家根本利益底线的时候，可以"小事讲风格"，但是，倘若触及国家根本利益的时候则应该而且必须"大事讲原则"！用本节的话说，那就是海纳百川，包容也是有底线的！

[①] 左连璧：《诸葛亮执法"水镜无私"》，《公民与法（综合版）》2021年第10期。

后 记

有过多少不眠的夜晚，抬头就看到漫天星辰！

经过几百个夜以继日的努力，当敲下本书最后一个字符的时候，时光的脚步已经从2023年的仲春迈入到2024年的初夏。回望这两百多个日日夜夜，真的是感慨良多！这部书从某种意义上说属于"主题宣传"的范畴。众所周知，主题宣传做到位很不容易，难就难在要至少妥善地处理好以下五种关系，一是"传者"与"受者"的关系，二是"散"与"不散"的关系，三是"熟悉"与"陌生"的关系，四是"有意义"与"有意思"的关系，五是"明"与"暗"的关系。

所谓妥善地处理好"传者"与"受者"的关系，是指主题宣传的传播者，首先要将自己想象成是一个"受者"也就是读者，通过"共情"，设身处地地站在"受者"也就是读者的角度去思考问题，想一想他们需要什么样的主题宣传，从而做到有的放矢，不放空炮；同时，在传播的过程中，还要时刻牢记自己的责任与使命，不把自己等同于自说自话的"人内传播者"或者不负责任的"人际传播者"，而是必须遵守大众传播的底线和红线，紧扣时代脉搏，勇于承担应当承担的责任，这样才能够做好主题宣传的传播工作。

所谓妥善处理好"熟悉"与"陌生"的关系,是指主题宣传的传播者要尽可能以"已知"带出"未知",具体来说,像本书这样讲成语的著作,所选择的成语应当是尽可能为大家所熟悉的,从而降低读者"入门"的难度,同时,对于相关成语所涉及典故的来源则应当做陌生化地追踪和深挖,以便增加本书对读者吸引力的黏度,在进行相关表述的时候,也应尽可能地"陌生化",以便增加作品的深度。

所谓妥善处理好"散"与"不散"的关系,是指主题宣传的传播者要像写散文那样"形散而神不散",所选择的相关材料,初看起来似乎是一盘散沙,但是之所以选择这些材料,是有其内在的底层逻辑的,这些材料之所以能够入选,是因为贯穿其中的有一条隐含的"红线",这条"红线"可以用来串联起相关的主题。

所谓妥善处理好"明"与"暗"的关系,是指主题宣传所要开展的人生观、世界观、价值观的教育应该像恩格斯所说的那样,尽可能通过隐含的方式显示出来。

所谓妥善处理好"有意义"与"有意思"的关系,是指主题宣传不能也不应板着面孔故作高深,而是应该想方设法将有意义的事情用有意思的方式表述出来,这确实考验着相关传播者的智慧。

包括但不限于上述五种关系,实际上就构成了此类主题宣传往往要过的"五关"。

笔者不才，虽不能至，心向往之。经过努力，终于写就了这部小书。

非常感谢中国教育学会常务副会长，中国教育报刊社原党委书记，社长翟博先生百忙中拨冗作序。

非常感谢著名传播学者、清华大学新闻传播学院博士生导师李彬教授，著名文化学者、北京大学艺术学院副院长、教育部"长江学者"陈旭光教授，著名新媒体学者、北京师范大学新闻传播学院学术委员会主任、教育部"长江学者"喻国明教授，著名诗歌评论家、北京师范大学文学院教授、博士生导师、国际汉语诗歌协会秘书长谭五昌教授等的联袂倾情推荐！

非常感谢新华出版社给予的支持！

非常感谢我的家人在我写作的过程中给予我的支持！

需要加以特别说明的是张涵同志承担了本书近10万字的撰写工作，在此也对她的辛勤努力表示充分肯定。

由于本人才疏失浅，难免有挂一漏万之处，诚望海内外专家不吝指正！

张志君
2024年4月于北京知不足斋

参考文献

司马迁《史记》

班固《汉书》

范晔《后汉书》

陈寿《三国志》

房玄龄等《晋书》

沈约《宋书》

萧子显《南齐书》

姚思廉《梁书》

姚思廉《陈书》

魏收《魏书》

李百药《北齐书》

令狐德棻等《周书》

魏徵等《隋书》

李延寿《南史》

李延寿《北史》

刘昫、赵莹等《旧唐书》

欧阳修、宋祁《新唐书》

薛居正等《旧五代史》

欧阳修《新五代史》

脱脱等《宋史》

脱脱等《辽史》

脱脱等《金史》

宋濂、王祎等《元史》

张廷玉、万斯同等《明史》

司马光等《资治通鉴》

刘义庆《世说新语》

商务印书馆《成语大词典》